图书在版编目（CIP）数据

董事长—总经理权力差距与上市公司经济行为研究/段梦然著．—北京：经济管理出版社，2023.3

ISBN 978 – 7 – 5096 – 8956 – 1

Ⅰ.①董…　Ⅱ.①段…　Ⅲ.①上市公司—经济行为—研究—中国　Ⅳ.①F279.246

中国国家版本馆 CIP 数据核字（2023）第 041871 号

组稿编辑：申桂萍
责任编辑：申桂萍
责任印制：黄章平
责任校对：董杉珊

出版发行：经济管理出版社
　　　　　（北京市海淀区北蜂窝 8 号中雅大厦 A 座 11 层　100038）
网　　址：www. E – mp. com. cn
电　　话：（010）51915602
印　　刷：北京晨旭印刷厂
经　　销：新华书店
开　　本：720mm×1000mm/16
印　　张：13.75
字　　数：231 千字
版　　次：2023 年 3 月第 1 版　　2023 年 3 月第 1 次印刷
书　　号：ISBN 978 – 7 – 5096 – 8956 – 1
定　　价：68.00 元

前　言

高管团队秩序以及有效性问题一直以来都是学术界研究的热点话题，而团队内部的权力配置是影响高管团队秩序和有效性的重要因素。当前研究主要基于CEO个体或高管团队整体探究高管权力配置对公司战略以及组织绩效的影响，忽视了董事长和总经理之间的权力配置以及互动关系所带来的影响。在中国制度背景下，董事长和总经理构成了中国最基本以及最显著的高管团队，因此，两者之间的权力配置以及互动关系是否以及如何影响整个高管团队的秩序和有效性，进而影响企业的经济行为，成为一个重要的研究命题。本书试图考察董事长—总经理的权力配置构成及互动关系的现状，以及两者之间的权力配置和互动关系对企业经济行为的影响。

根据公司治理理论，董事长在职位上的权力高于总经理，而在现实中，董事长和总经理之间的权力差距还受到其他权力维度的影响，如所有权权力、专家权力和声望权力，这是因为：第一，个体在组织中的权力不仅来源于职位，还与个人的能力、经历、威望和社会地位等密切相关；第二，基于中国儒家文化和高权力距离社会形态的影响，组织中个体之间的互动不仅取决于职位的高低，更易受到其他权力特征（如社会地位等）的影响。鉴于此，本书基于中国特殊的文化情境，对董事长和总经理之间的权力配置进行详细分解，从多个维度（所有权、专家权和声望权）刻画他们之间的权力差距；并在此基础上，详细探讨董事长和总经理权力差距对企业经济行为的影响，从而有效回答董事长—总经理权力配置对团队有效性的影响问题。

据本书统计，截至2016年底，我国上市公司中董事长和总经理"两职分离"的公司占比稳定在70%以上，这为本书深入研究董事长和总经理权力配置对上市公司经济行为的影响提供了一个很好的大样本研究机会。在总结归纳相关理论和研究的基础上，本书的研究目的主要包括：第一，在中国文化情境下，从所有权、专家权和声望权三个维度构建董事长—总经理权力差距的指标；第二，探究董事长—总经理权力差距对企业融资行为的影响；第三，探究董事长—总经理权力差距对企业投资行为的影响；第四，探究董事长—总经理权力差距对企业创新行为的影响；第五，探究董事长—总经理权力差距对企业绩效的影响。上市公司的投融资行为和创新行为是企业最为重要的经济行为，直接关乎企业未来的经营发展，而企业绩效是企业经济行为的最终结果和体现，因此本书从融资行为、投资行为、创新行为以及企业绩效四个方面探究董事长—总经理权力差距对上市公司的影响。

首先，本书收集整理了我国 2009～2016 年"两职分离"的上市公司董事长和总经理的个人权力特征指标，并且对董事长和总经理的个人权力特征以及两者之间的权力差距进行了详细的梳理和描述性统计分析。Finkelstein（1992）从权力来源的视角将权力分为四个维度：结构性权力、所有权权力、专家权力和声望权力。结构性权力与个体在组织中的职位相关，由于董事长和总经理的结构性权力已经固定，因此本书重点关注权力的所有权、专家权和声望权三个维度，并且构建了董事长和总经理之间的权力差距。本书的统计结果显示，总体来看，在不同的上市公司中董事长与总经理之间的权力差距存在较大的差异。而从权力的三个维度来看，董事长与总经理在声望权维度上的权力差距最为明显，在专家权维度上的权力差距最小。本部分内容力求使读者对我国上市公司董事长和总经理的权力特征、权力配置以及现状形成初步、整体的认知，并且构建本书的关键核心变量——董事长—总经理权力差距。

其次，本书立足于我国特有的高权力距离的文化情境，系统分析和研究了在"两职分离"的上市公司中，董事长和总经理之间的权力差距对上市公司融资行为、投资行为、创新行为以及企业绩效的影响。本书的实证结果表明，在"两职分离"的上市公司中，董事长和总经理之间的权力配置会对团队有效性产生重要影响，即董事长和总经理之间存在一定的权力差距，可以保持团队的秩序、减少团队内部冲突、促进团队信息共享，进而提高团队的决策有效性和治理有效性，最终有利于改善企业的投融资效率、创新投入和企业绩效。

具体研究发现：①上市公司董事长和总经理之间的权力差距与上市公司债务融资规模呈正相关关系，与上市公司债务融资成本呈负相关关系，上述关系在内部控制质量较差、外部治理环境较差以及行业竞争程度较高时更明显；②上市公司董事长和总经理之间的权力差距与上市公司投资效率呈正相关关系，上述关系在董事长从上市公司领取薪酬以及政府为规制型政府时更明显；③上市公司董事长和总经理之间的权力差距与上市公司创新意愿和创新强度呈正相关关系，上述关系在非国有企业、股权分散以及董事长在上市公司领取薪酬时更明显；④上市公司董事长和总经理之间的权力差距与上市公司经营业绩呈正相关关系，上述关系在股权结构较分散、外部治理环境较差时以及国有企业中更加明显。

　　最后，本书从企业内部决策、治理机制以及高管团队建设等方面提出建议，从而为优化上市公司高管团队以及提升公司价值提供有益的参考。

　　本书的研究旨在为我国上市公司高管团队的选拔和管理提供一定的理论依据和实践指导，并且为广大投资者和利益相关者理解上市公司高管团队内部决策以及有效性提供经验证据。本书的研究具有以下学术贡献和现实意义。

　　本书的学术贡献主要体现在以下几方面：①关于上市公司高管团队权力配置的研究虽然取得了一些成果，但是研究结论并不一致，并且主要基于特定行业进行小样本研究，缺乏基于大样本考察高管权力以及高管权力配置对公司经济行为的影响，因此难以适用以及推广到所有企业。本书选取我国上市公司2009～2016年的数据进行大样本研究，并且选取对上市公司决策具有决定性影响的董事长和总经理两个职位，从而可以获得董事长和总经理最高领导二元体的权力现状和权力配置经济后果的一般性规律，并且丰富和补充了高管权力的相关文献。②权力具有鲜明的社会属性，也就是说，在不同的社会文化情境下，权力的表现和来源不同。如何客观地、合理地制定符合我国社会文化的高管权力指标是现有高管权力研究面临的重大挑战。本书在已有高管权力度量指标的基础上，结合我国特定的社会制度背景和现实情况，分别选取三个具体的权力指标来刻画高管的所有权、专家权和声望权，进而构建权力差距的综合指标，形成了多维度、多层面的指标构建体系，为高管权力的度量和研究提供了一定的参考价值。③已有相关研究基于董事长和总经理之间的人口特征异质性考察了董事长和总经理之间的互动对团队有效性的影响，本书则关注高管团队内董事长和总经理两者之间的角色定位和权力配置的影响，丰富和补充了高管团队的相关研究成果。④以往的公司治理文献只关注董事长和总经理"两职合一"或"两职分离"的公司治理机制的经济后果，然而对于"两职分离"的公司的董事长和总经理的具体权力特征却关注不足，本书将研究范围界定在董事长和总经理"两职分离"的上市公司，进一步深化和拓展了"两职分离"下公司治理机制的相关研究。

　　本书的研究结果对上市公司、广大投资者、政府主管部门具有重要意义：①对于上市公司而言，本书的研究结论为上市公司高管团队成员的权力配置提供了参考。②对于广大投资者而言，本书的研究为投资者如何更好地识别企业团队有效性提供了建议。③对于政府主管部门而言，本书为政府主管部门提供了合理选拔和配置企业高管的新思路。

目　　录

第一章　导论

一、研究背景、研究目的与研究意义

（一）研究背景

高管团队不仅是企业决策制定的核心主体，更是推动企业战略发展以及实现公司价值的关键因素，因此如何建立合理有效的高管团队以提高企业的决策效率以及实现公司价值，成为高管团队及公司财务研究中的重要话题，同时也受到政策制定机构、监管部门、企业投资者、债权人和管理者等利益相关者的共同关注。在众多影响团队有效性的因素中，高管团队的权力配置，即团队成员之间的权力等级差异是一个基本的团队属性并且普遍存在于团队中。然而目前对于高管团队权力配置的研究仍处于初步阶段，并且主要基于西方的文化背景，这使我们无法深入了解我国上市公司高管团队权力配置的现状以及作用机理，从而也无法为上市公司高管团队建设和管理提出有效的指导。

在我国，高管团队的界定通常包括董事长和高级管理人员（总经理、副总经理、总会计师等）。其中，董事长和总经理的职位较为特殊。对于我国的上市公司来说，权力具有高度集中的特点，董事长是股东权益的最高代表，同时也是公司重大事项的主要决策者；总经理是公司战略的实际执行者，也是经理层的最高领导，因此，董事长和总经理分别代表公司股东和经理层的利益，也是公司两种主要权力的集中体现。此外，大量证据显示，我国上市公司董事长和总经理对于公司战略决策和经营决策的影响是决定性的。因此，董事长和总经理两职位之间的权力配置对于整个高管团队的秩序和有效性具有非常重要的影响。

社会学家认为团队内的互动过程往往伴随着地位竞争的过程，团队内成员会根据他人以及自身的能力、经历以及威望等构建地位差异（Berger et al.，1977）。团队秩序是企业领导有效以及决策高效的先决条件，稳定良好的团队秩序可以避免企业发生地位冲突，促使企业内部信息共享以及决策过程高效、公平，保证决策质量，最终有利于提高企业绩效。理论上，根据《中华人民共和国公司法》的规定，董事长与总经理的权责边界清晰、分工明确，作为企业"一把手"的董事长代表的是董事会以及股东的利益，与总经理是委托代理关系，并且董事长对总经理具有监督、指导以及制止总经理不当决策的权力，两者应该形成和谐稳定的团队秩序。然而在现实执行中，由于个体权力受到个体自身能力、经历、社会地位的影响，因此上下级常常无法形成有序的权力等级，进而造成上下级之间的地位冲突和权力斗争，最终阻碍了企业决策进程，甚至无法形成统一的决策和领导。为了保持团队秩序，团队中"一把手"必须有足够的权威，包括正式的和非正式的权威（张建君和张闰龙，2016）。因此，团队"一把手"与其他团队成员之间的权力差距对维护高管团队秩序、防止发生地位冲突至关重要，并且可以促进团队的有效沟通和合作，提升团队有效性，最终有利于企业的健康和稳定发展。

在研究高管团队权力配置以及组织成员互动时，应当结合公司以及个体所处的社会文化环境。西方国家的权力距离较低，在这种平等环境中，个体之间的互动较少受到地位高低的影响（张龙和刘洪，2009）。不同于西方社会，我国的权力距离较高，这与我国的历史文化背景有关。长久以来，我国深受儒家文化强调等级观念的影响。家庭和氏族系统中，要讲长幼、辈分、尊卑之分，而且不可犯上作乱。君权和父权是维系社会人际关系的基础，而且子和臣永远处于服从或"谏"的地位，具有法律效力。儒家思想对广大中国人的言行起到了一定的规范作用。这种长幼、辈分、尊卑等级关系已成为一种制度和规范制约着人们的行为。在儒家思想的长久熏染下，我国形成了高权力距离社会，具体表现为人们对权力等级的可接受程度较高，并且对等级和权威人物非常敏感，崇尚权威，尽量与高权者保持良好关系等。在这种高权力距离以及威权主义的社会中，个体之间的互动更易受到地位高低的影响。因此，基于我国特殊的文化历史背景，研究上市公司董事长和总经理之间的权力配置和互动关系对于理解我国上市公司团队决策和组织绩效具有重要意义，并且也存在很大的研究空间。

以往对于高管权力的大量研究直接以 CEO 权力表示高管团队权力。国内外学者主要基于委托代理理论，从 CEO 持股比例、是否"两职合一"、CEO 是否兼任董事等方面来衡量 CEO 权力，并且研究了 CEO 权力对薪酬激励、战略变革、组织绩效等的影响。但是现有关于高管权力的研究，仍然存在以下不足：首先，虽然现有研究对高管权力整体而言具有较强的解释力，但其对权力的测度主要针对 CEO 个体以及以 CEO 为核心的高管团队"核心圈"，或者将董事长和 CEO 不加区分地定义为高管团队（毛新述，2016）。因此，忽略了整个高管团队中各成员之间的相对权力，尤其是在我国企业中最高领导者董事长和总经理之间的角色和权力大小，以及对公司经济行为的影响。其次，有一些文献对企业内部的权力差距进行了研究，但是结论却不一致。有研究认为高管团队内的权力差距对战略的迅速调整以及组织绩效具有积极作用（Greve and Mitsuhashi，2007；Smith et al.，2006），而多数研究则认为权力差距激发了公司内部政治，限制了信息共享，对于组织绩效具有消极作用（Eisenhardt and Bourgeois，1988；Haleblian and Finkelstein，1993）。然而，这些研究主要基于西方的文化环境以及西方企业，对于理解我国社会背景下权力差距的经济后果存在一定的不足。再次，权力的度量对特定的社会背景关注不够，现有研究对于高管权力的度量存在较大差异，从而可能会混淆大家对高管权力的认知和理解，也限制了对不同学者的研究成果的整合。最后，现有相关研究主要基于特定行业或者小样本数据进行研究，难以适用以及推广至所有企业。

现实企业的案例以及研究中的不足和矛盾引发了本书的思考：基于我国高权力距离以及威权主义的文化情境，高管之间的权力差距发挥了怎样的作用？我国上市公司中董事长和总经理的权力配置现状如何？两者之间权力差距的来源是什么？如何度量权力差距更加科学合理？权力差距是否会对企业经济行为（如融资行为、投资行为和创新行为）以及企业绩效产生影响？本书希望能够为理解我国上市公司高管团队权力配置的影响提供一些经验证据。

（二）研究目的

不同于以往有关高管权力的研究，本书旨在研究我国上市公司最高领导二元体——董事长和总经理的权力差距与上市公司经济行为的关系。具体而言：

首先，本书对我国上市公司董事长和总经理的权力配置现状进行了统计，阐述了权力的来源以及现有文献对权力的度量方法，并且结合我国特殊的社会背景以及高管的现实情况，从多维度、多层次构建了我国上市公司董事长—总经理权力差距指标，从而对我国上市公司董事长和总经理的权力特征、权力配置以及现状形成初步、整体的认识。

其次，基于我国社会文化背景以及相关理论，如社会规范理论、组织等级理论、管理层权力理论等，构建董事长—总经理权力差距影响上市公司经济行为的研究框架和理论分析基础。

再次，本书在理论分析以及研究假设的基础上，采用实证研究的方法探究董事长—总经理权力差距与企业的融资行为、投资行为、创新行为以及企业绩效的关系，并且利用企业内外部因素进一步考察上述逻辑关系。

最后，结合本书的研究结论，本书从企业内部决策、治理机制以及高管团队建设等方面提出政策建议，从而为优化上市公司高管团队以及提升公司价值提供有益的参考。

（三）研究意义

合理的高管团队权力配置是保持团队秩序、提升团队有效性的有力保障和基础。董事长和总经理构成了中国企业最基本和最显著的高管团队，两职之间的权力配置对高管团队的秩序、互动和有效性有重大影响。据本书统计，截至2016年底，中国上市公司董事长与总经理"两职分离"的比率稳定在70%以上，"两职分离"的公司治理安排给本书研究董事长—总经理权力差距对企业经济行为的影响提供了较好的研究情境和大样本研究机会。

因此，本书在上述背景下，通过构建董事长—总经理权力差距这一核心变量来探究两者之间的权力配置的可能影响，不仅对公司高管团队的建设和管理具有一定的借鉴意义，而且对于广大投资者和政府主管部门也都具有参考价值。

（1）对于上市公司而言，本书的研究结论为上市公司高管团队的建设和管理提供了参考。企业存在的目的是为股东创造价值，而企业的价值没有一个明确的值，它取决于谁在管理，以怎样的形式管理，不同的管理者以及管理方式会产生不同的价值。而高效稳定的高管团队是企业维持持久价值创造的基础。本书通过对上市公司最高领导二元体董事长—总经理的权力配置进行研究，发现两者之间适当的权力差距有助于改善企业投融资决策效率和创新投入，以及提升企业绩效表现。因此，在上市公司高管人员聘任选拔以及团队管理中，要注意维持上下级之间的权力等级差异，避免高管团队内部地位冲突以及权力斗争的情况发生。

（2）对于广大投资者而言，本书的研究旨在探究怎样的高管团队配置可以增加企业价值，为投资者创造更多的财富。对于投资者来说，其作为外部投资人与企业内部存在严重的信息不对称问题，如何识别企业内部决策和管理水平对于投资者来说意义重大，是投资者投资决策的基础。而本书的研究从高管团队权力配置的角度为投资者提供了新的见解。一个健康发展的企业必定需要和谐稳定的高管团队作为基础，这在很大程度上取决于企业管理团队中最高领导者之间良好的团队秩序和互动关系。本书的研究证实了最高领导者之间的权力配置可以对企业的投融资效率、创新投入以及企业绩效产生显著的影响。因此，对于投资者来说，在一定程度上可以通过观察了解企业最高领导者的权力配置和互动关系来识别企业的管理水平和发展前景。

（3）对于政府主管部门而言，本书为其提供了选拔国有企业高管的新思路。目前，我国对企业高管团队成员的选拔方式没有明确的规定。《中华人民共和国公司法》规定，上市公司董事会具有决定聘任或解聘公司经理及其报酬事项的职权。但是就目前的国有企业来看，领导干部选拔任用机制还不完善，如大多数国有企业的董事长和总经理都是由政府主管部门直接任命，实行的是"行政委任制"，缺乏专门的国企高管人员选拔任用制度，选拔方式也缺乏市场化竞争等。而本书的研究说明对于企业高管的选拔，不能毫无根据，应该综合考虑董事长和总经理的个人情况进行组合配置，从而促进企业高管团队的有效合作和高效运行。

二、研究思路、研究框架与研究方法

（一）研究思路

本书将权力这一社会学概念纳入公司财务体系，探讨董事长和总经理之间的权力差距是否以及如何影响上市公司的经济行为。本书的研究思路分为以下三个递进层次：

第一层次是研究基础，对应书中的第一章至第四章。本书立足于我国"两职分离"的制度背景以及高权力距离的社会情境，以最高领导者董事长和总经理为上市公司高管团队的代表，首先，分析了我国上市公司高管团队的权力现状以及高管团队地位冲突背后的原因，明确了团队秩序对于提高团队有效性的重要性。其次，对国内外高管权力以及权力分布的相关研究进行了梳理，明确了以往研究的阶段性成果以及待解决的问题。再次，阐述了研究的理论基础。最后，本书在已有高管权力度量指标的基础上，结合我国的制度背景以及高管的现实情况，从所有权、专家权和声望权三个维度各选取三个指标构建了上市公司董事长和总经理的权力差距综合指标，形成了多维度、多层次的高管权力指标构建体系。以上研究基础为本书后续的理论分析与实证检验奠定了基础。

第二层次是作用机理研究，对应书中的第五章至第八章。在构建上市公司董事长—总经理权力差距的基础上，本书结合社会学以及组织学的相关理论，如社会规范理论和组织等级理论，深入研究了董事长—总经理之间的权力差距对上市公司经济行为的作用机理。企业的融资行为、投资行为以及创新行为是企业最主要的经济行为，直接关系着企业的运营以及未来的发展。因此，本书所要探究的经济行为主要指的是企业的融资行为、投资行为以及创新行为。企业绩效是企业财务决策以及治理水平的最终结果和直接体现，因此本书基于企业绩效探究了权力差距的经济后果问题。最后，本书利用企业内外部因素进一步考察了权力差距与企业经济行为的逻辑关系。

根据社会规范理论，符合社会规范的行为将产生积极的后果。在我国威权主义以及高权力距离的特殊社会文化情境下，对于我国上市公司的董事长和总经理来说，他们之间存在一定的权力差距（正式或非正式）是符合我国的社会规范的，可以维持团队秩序，减少高管团队内部的地位冲突，而团队秩序是团队有效性的前提和重要保障。另外，根据组织等级理论，组织内的等级排序可以建立组织秩序。董事长和总经理之间的等级排序（权力差距）可以保持团队和谐，促进内部协调和信息共享，减少成员之间不必要的冲突和摩擦，从而提高沟通和工作效率。因此，董事长和总经理之间的权力差距可以通过维持团队秩序、减少地位冲突以及促进信息共享和沟通来提高团队的有效性，进而影响企业的财务决策效率以及企业绩效，权力差距的作用机理如图1-1所示。

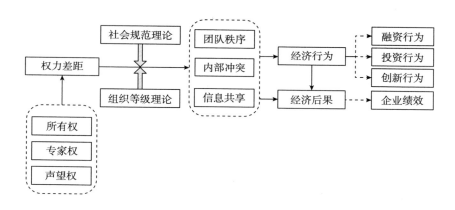

图1-1 权力差距的作用机理

第三层次是政策建议，对应书中的第九章。在理论分析以及实证检验的基础上，本书验证了董事长和总经理之间的权力差距有助于企业建立稳定的团队秩序，减少地位冲突以及促进信息共享，最终改善企业的投融资和创新决策以及企业绩效。本书在此研究基础上，为上市公司高管团队的建设和管理提出相应的政策建议。

（二）研究框架

本书的结构安排以及各章节的主要内容如下（见图1-2）：

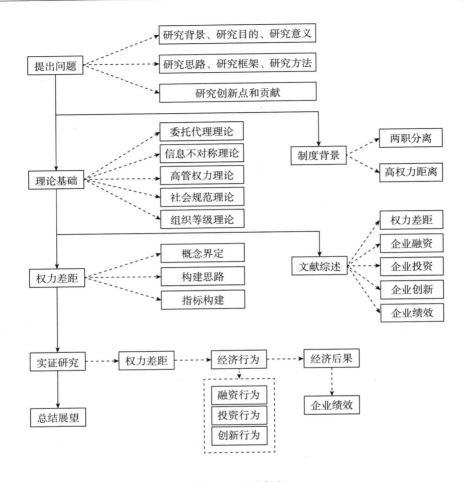

图1-2　研究框架

第一章，导论。本章主要陈述了本书的研究背景并且提出研究问题，阐述了本书的研究目的和研究意义，介绍了本书整体的研究思路、研究框架与研究方法，以及本书主要的研究创新点和贡献。

第二章，制度背景和理论基础。本章首先介绍了我国上市公司董事长和总经理"两职分离"的现状，这是本书研究董事长——总经理权力差距的基础；其次，本章从儒家文化的角度，对我国高权力距离社会的形成进行了详细的阐述和介绍；最后，本章阐述了与本书相关的理论，如委托代理理论、信息不对称理论、高管权力理论、社会规范理论以及组织等级理论。本章的制度背景分析以及理论分析为后续的实证研究提供了支持。

第三章，文献综述。本章从权力差距、融资行为、投资行为、创新行为以及企业绩效五个方面综述了与本书相关的文献。其中，对于权力差距文献中，本章从高管权力、权力分布以及权力差距三个方面进行了详尽的介绍和总结，并且指出现有文献存在的不足，为本书的研究提供了文献基础。

第四章，董事长—总经理权力差距的指标构建。在对权力存在的制度背景以及已有文献进行回顾的基础上，本章首先对权力差距的概念进行了详细的阐述；其次，介绍了本书构建权力差距的思路；再次，本章描述了 2009～2016 年上市公司董事长和总经理的权力现状；最后，在高管权力指标相关研究的基础上，结合我国上市公司现实状况，从三个维度构建了董事长—总经理权力差距指标，形成了多维度、多层次的指标构建体系。

第五章，董事长—总经理权力差距与融资行为研究。本章首先在已有文献的基础上，结合相关理论对权力差距与上市公司融资行为的关系进行了逻辑推理，并且提出相应的研究假设。债务融资是企业获取外部融资的重要方式，因此本书从债务融资的规模和成本两个角度探究企业的债务融资行为。其次，本章实证检验了权力差距对上市公司融资行为的影响。最后，本章利用企业内外部因素进一步考察了权力差距与融资行为之间的逻辑关系，并且进行了丰富的稳健性检验，最后得出本章的研究结论。

第六章，董事长—总经理权力差距与投资行为研究。本章在上一章检验融资行为的基础上，进一步探究了董事长—总经理的权力差距对上市公司投资行为的影响。投资行为主要考察企业的投资效率。本章首先通过理论分析提出研究假设，其次实证检验了权力差距与投资效率的关系，最后利用企业内外部因素进一步考察了权力差距与投资效率之间的逻辑关系，并且进行了稳健性检验，得出本章的研究结论。

第七章，董事长—总经理权力差距与企业创新研究。本章进一步探究了董事长—总经理的权力差距对上市公司创新行为的影响。创新行为主要考察企业的创新意愿以及创新强度。本章首先通过理论分析提出研究假设，其次实证检验了权力差距与创新行为的关系，最后利用企业内外部因素进一步考察了权力差距与创新行为之间的逻辑关系，并且进行了稳健性检验，得出本章的研究结论。

第八章，董事长—总经理权力差距与企业绩效研究。在检验了权力差距与投融资和创新行为的关系后，本章关注于权力差距的经济后果问题，即其对上市公司绩效的影响。企业绩效通过企业的经营业绩来度量。本章首先通过理论分析提出研究假设，其次实证检验了权力差距与企业经营业绩的关系，最后利用企业内外部因素进一步考察了权力差距与企业绩效之间的逻辑关系，并且进行了稳健性检验，得出本章的研究结论。

第九章，研究结论与建议。本章首先对本书的主要观点和研究结论进行总结，其次根据本书的研究结论提出相应的建议，最后指出了本书的研究局限和不足，并且讨论了未来可进一步拓展的研究方向和可能。

（三）研究方法

本书总体上采用了规范研究与实证研究、定性分析与定量分析相结合的研究方法。实证检验的部分主要运用多元回归模型对理论分析部分提出的假设进行检验。

（1）规范研究。规范研究是对经济发展中的目标、结果、决策和制度等的合意性研究。规范研究旨在解决"应该是什么"的问题，需要对经济过程做出好坏的评判。规范研究方法的核心是演绎推理，通过做出一定的假设，然后根据事物的内在联系运用逻辑推理从而得出研究结论。本书在提出研究假设时采用了规范研究的方法，例如，本书首先假设团队秩序是保障决策有效以及领导有效的前提，而董事长和总经理之间的相对权力可以影响企业的团队秩序以及两者之间的互动关系。其次，本书结合我国特殊的社会文化背景，推断出企业经济行为受到组织内部成员相对权力的影响，因此权力差距可以影响企业决策，如投融资和创新决策，以及企业的经营效率和治理水平，进而影响企业价值。

（2）实证研究。实证研究是指从大量的经验事实中通过科学归纳，总结出具有普遍意义的结论或规律，然后通过科学的逻辑演绎方法推导出某些结论，再将这些结论拿回到现实中进行检验的方法。实证研究的核心是探究经济问题的本质"是什么"，而不是以任何标准来衡量经济问题的本质是否合理和可取。本书在第五章至第八章中主要采用实证研究的思想，应用了描述性统计、相关性检验、单变量分析、多元回归分析等计量方法，对本书提出的研究假设和研究模型进行验证，最终得出结论并对实证检验结果的含义进行分析和探讨。

三、研究创新点和贡献

本书立足于我国特有的高权力距离的文化环境，从社会规范理论、组织等级理论、高管权力理论、委托代理理论以及信息不对称理论出发，系统分析和研究了"两职分离"下董事长和总经理之间的权力差距对上市公司经济行为的影响，以期为我国上市公司高管团队的选拔和管理，以及高管团队有效性的改善提供一定的理论依据和经验证据，并且丰富和拓展了高管团队、高管权力以及公司财务等的相关研究成果。本书的创新点以及贡献体现在以下几方面：

（一）首次系统全面地制定了董事长—总经理权力差距的度量

权力具有鲜明的社会属性，也就是说，在不同的社会文化下，权力的表现和来源不同。如何客观合理地制定符合我国社会文化的高管权力度量指标是现有高管权力研究面临的重大挑战。Finkelstein（1992）从权力来源的视角将权力分为四个维度：结构性权力、所有权权力、专家权力和声望权力。因为对于我国"两职分离"的上市公司来讲，董事长与总经理之间的结构性权力已经固定，所以本书重点关注权力的所有权、专家权和声望权三个维度。本书在已有高管权力度量指标的基础上，结合我国特定的文化情境，分别选取三个指标来刻画高管的所有权、专家权和声望权，进而构建董事长—总经理权力差距的综合指标，形成了多维度、多层次的权力差距指标构建体系，为今后高管权力的度量和研究提供了参考。

（二）扩充了高管团队以及高管权力的相关研究成果

Hambrick 和 Mason（1984）首次提出"高管梯队理论"，高管梯队理论认为高层管理团队的认知能力、感知能力和价值观等心理结构决定了战略决策过程，进而影响企业绩效。基于高管梯队理论，已有研究主要基于高管的人口背景特征考察了高管团队中上下级之间的互动对组织产出的影响，如高管团队人口特征对高管离职率（张龙和刘洪，2009）、创新行为（Camelo – Ordaz and Hernandez，2005）、内部控制质量（李端生和周虹，2017）、会计稳健性（刘永丽，2014）、盈余管理（何威风，2015）、投资效率（卢馨等，2017；姜付秀等，2009）以及公司绩效的影响（Boone et al.，2004）。但是由于目前高管团队组成的相关研究很少触及高管团队结构中的角色和权力等核心问题，因而难以为高管团队对公司行为的影响提供满意的解释。而有关高管权力的文献则重点关注了CEO个体和高管团队整体，对于高管团队内部的权力配置的关注不足，而且已有的研究结论不一致。本书在高管团队以及高管权力的研究基础上，重点关注高管团队中董事长和总经理两者之间的权力配置和互动关系所带来的经济后果问题，从而丰富和补充了高管团队以及高管权力的相关研究成果。

（三）丰富了高管权力如何影响企业经济行为的理论分析

现有学者对于权力的研究主要基于委托代理理论和高管权力理论展开，例如研究发现高管权力可能会削弱董事会的监控功能，架空企业内部控制，为高管自己谋求私利提供更好的环境（树友林，2011）。本书认为在我国高权力距离的文化环境下，权力对于组织的运营也具有一些积极的影响。根据社会规范理论和组织等级理论，企业"一把手"与其他成员之间的权力差距可以减少潜在的权力斗争和内部冲突，是保持企业高管团队秩序和稳定的重要因素，可以提升沟通效率并且促进决策效率的提高（Anderson and Brown，2010；张龙和刘洪，2009），提高组织绩效（张建君和张闯龙，2016）。高管权力是一种复杂的现象，用单一的理论框架往往难以对其做出准确而深刻的解释，而基于多种学科理论的研究则有利于增进对高管权力的理解。本书在研究权力对高管决策的影响时结合了社会学和组织学中的理论，如社会规范理论、组织等级理论进行解释和分析，丰富了高管权力的理论视角。

（四）拓展了董事长—总经理"两职分离"的相关研究成果

董事长—总经理两职是否分离是一个重要的公司治理机制，对企业经营活动、公司价值都具有重要的影响（卢锐等，2008）。代理理论认为人都具有自利倾向，为了预防经理人的"道德风险"，"两职分离"的治理安排可以促使董事长有效地监督和约束总经理，降低企业的代理成本。现代管家理论则认为"两职合一"的治理安排使得企业只有一个领导核心，从而降低了董事长和总经理之间沟通的信息成本（Brickley et al.，1997），使企业拥有统一清晰持续的战略规划和经营理念，从而可以有效地实施战略和经营目标，最终改善公司业绩。然而，在"两职分离"的公司中，董事长和总经理之间的具体权力特征差异是否会影响企业的财务决策行为以及经济后果，现有研究对此关注不足。因此，本书通过探究董事长和总经理"两职分离"状态下的权力配置问题，进一步拓展了"两职分离"的相关研究成果。

（五）深化了对高管决策过程的理解

董事长和总经理是企业决策中的最高领导者和直接决策者，因此本书基于董事长和总经理探究高管的决策过程，更符合我国上市公司的治理现状。高管的决策过程和结果，体现了高管执行自身意愿的能力，而这种能力不仅受到其在组织中职位的影响，而且与高管所拥有的个人威望、专业能力等具有密切的关系。以往的文献主要基于高管自身权力大小进行研究，而忽略了高管决策过程中的一个非常重要的因素——相对权力。因此，本书基于权力差距这一视角研究了其对高管决策过程和结果的影响，可以深化对高管决策的理解。研究发现对于董事长和总经理而言，存在适当的权力差距可以维持团队的秩序，减少企业内部冲突，促进信息共享和沟通，有利于提高企业的决策和治理效率，最终提升企业价值。

第二章　制度背景和理论基础

一、制度背景分析

（一）"两职分离"制度

现代公司制企业中，董事长和总经理两职的设置和安排是一个非常重要的治理机制，对企业经营活动、公司价值都具有重要的影响（卢锐等，2008）。董事长和总经理由同一个人担任，则称为"两职合一"；董事长和总经理由不同人担任，则称为"两职分离"。不同的国家对于董事长和总经理的设置具有非常大的差异。在英国和德国，法律规定董事长和总经理必须由不同的人担任。在美国，董事长和总经理"两职合一"的企业约占上市公司的60%（Fairfax，2014）。在我国企业中，董事长和总经理构成了最基本和最显著的高管团队。本书对2009～2016年我国上市公司董事长—总经理"两职分离"的现状进行了统计。

表2-1和图2-1列示了上市公司董事长和总经理"两职分离"公司的数量和变化趋势图。统计数据显示，我国上市公司董事长—总经理"两职分离"的公司占比在2009～2016年呈逐年递减趋势。其中，2009年上市公司董事长和总经理"两职分离"的占比最高，达到81.06%，而2010年和2011年"两职分离"的公司占比下降明显，2012年至2016年，"两职分离"的公司占比略微下降，但是占比仍然保持在70%以上。总体来看，"两职分离"的公司数量是逐年递增的，并且在2009～2016年八年中"两职分离"的公司数量的平均占比达到

75.10%，这说明上市公司中董事长—总经理"两职分离"的公司仍然占大多数，这为本书研究董事长和总经理之间的权力差距对企业经济行为的影响提供了大样本研究的情境和机会。

表2-1 上市公司董事长—总经理"两职分离"的公司数量和占比情况

年份	上市公司总数（个）	"两职分离"的公司数量（个）	占比（%）
2009	1753	1421	81.06
2010	2107	1638	77.74
2011	2341	1752	74.84
2012	2470	1847	74.78
2013	2514	1884	74.94
2014	2631	1942	73.81
2015	2823	2064	73.11
2016	3117	2199	70.55
总计	19756	14747	75.10

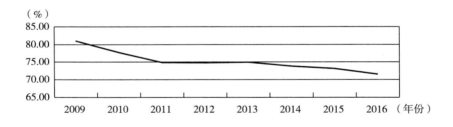

图2-1 "两职分离"的公司占比趋势

对于"两职分离"的公司治理安排，理论界一直以来也存在激烈的争论。一方面，有学者认为董事长和总经理"两职分离"可以对经理人员进行有效监督，从而提升企业价值。另一方面，有学者认为董事长和总经理"两职合一"可以赋予经理人员一定程度的处置权，从而可以快速适应多变的环境。关于"两职分离"和"两职合一"，学术界也衍生出了相应的理论解释。

"两职分离"假说。"两职分离"假说主要基于委托代理理论。委托代理理论认为由于公司股东与经理层存在委托代理关系，因此经理人员可能出于满足自身利益最大化的目的，做出损害股东价值最大化的行为。当总经理同时兼任董事长时，其权力膨胀，董事会独立性受到削弱，董事会难以有效监督经理人员。董事长和总经理"两职分离"提供了一个有效的监督机制，防止经理人的"偷懒"或者机会主义行为。很多已有文献也支持了"两职分离"假说。例如，Goyal和Park（2002）发现"两职合一"导致董事会缺乏独立性，难以解雇表现差的经理人。卢锐等（2008）发现"两职合一"增加了高管的在职消费，且经营业绩并没有显著改善。Yu和Ashton（2015）发现"两职分离"有助于降低代理成本。

"两职合一"假说。"两职合一"假说主要基于现代管家理论。现代管家理论是由Donaldson（1990a，1990b）提出的，他认为代理理论将经理人假定为具有自利和偷懒行为，这一点并不合适，经理人同样具有对声誉、信仰以及工作满足的追求，因此当经理人同时兼任董事长可以促使经理人更好地经营管理企业，成为企业的好"管家"，从而有助于提高企业的经营绩效（Boyd，1995）。"两职合一"的假说也得到了文献的支持。例如，Brickley等（1997）认为"两职合一"降低了董事长和CEO之间沟通的信息成本，能够更有效地实施战略和经营目标，最终改善公司业绩。Faleye（2007）发现在组织结构复杂的公司中，集权将有助于提高公司业绩。Yang和Zhao（2014）发现"两职合一"的公司相对于"两职分离"的公司，在竞争环境发生变化的时候，业绩要好3%～4%。薛有志和刘素（2008）发现在高度竞争的产品市场上，集权带来的收益会超过代理成本。

"环境不确定"假说。"环境不确定"假说是有关两职合一或两职分离的第三种观点，该观点认为企业需要根据面对的环境不确定性的高低来确定董事长和总经理"两职分离"或"两职合一"哪种更好。"环境不确定"假说主要基于资源依赖理论，是由Pfeffer和Salancik（1979）提出的，他们认为董事会的作用是减少环境不确定性，因此有效的董事会结构应该随着环境的改变而改变。

（二）高权力距离社会

文化背景是理解公司治理以及公司决策的基础，我国是一个拥有悠久文化底蕴的国家，深受儒家文化的影响，形成了高权力距离社会形态以及威权主义的文化特色。在以我国企业为研究样本进行研究时，必须结合我国特殊的文化背景。

"权力距离"的概念最初是由荷兰实验社会心理学家Mauk Mulder提出的，

他把"权力距离"定义为"拥有较少权力的个人（I）和拥有较多权力的他人（O）之间权力分配不均的程度，其中 I 和 O 处于同一社会体系"。关于权力距离最经典的研究是 Hofstede（1980），其对将权力距离的概念进行了延伸。Hofstede 认为权力距离是一个社会或者组织中对权力分配不均的可接受程度。权力分配不均存在于任何文化中，但其容忍程度却因文化不同而存在差异。Hofstede（1980）对全球 40 多个国家和地区的 IBM 雇员的文化价值观进行了调查，他发现从个人主义、权力距离、不确定性的规避以及男性化四个维度可以将这些国家划分成不同的文化群。他还根据权力距离的大小将不同国家划分为高权力距离和低权力距离。英、美等西方社会属于典型的低权力距离社会，社会成员对权力分配不均等的容忍度较低，追求人人平等，认为上下级之间本质上是平等的，降低下级对上级绝对服从的重要性。而新加坡等地则是典型的高权力距离社会，具有较强的等级观念和威权主义价值观，人们认为社会存在权力等级是理所当然的，并且人们期望获得较高的权力，下级对上级表现出绝对服从，社会成员对权力分配不均等的接受度较高。不同国家权力距离的差异与其历史文化背景有着密不可分的关系。

不同的民族创造了自己特有的文化，同时也被自己的文化所影响。文化最重要的表现特征之一就是它是一种信仰和宗教。儒家是中国思想文化的主流，与道教、佛教、民间文化和社会下层信仰共同组成中国文化，其中儒家当占最大比重（杜维明，2002）。中国思想史始于儒家，自西汉起，儒家传统在中国的道德教育、政治意识形态和社会伦理方面，占有主导地位，儒家思想体现在传统中国各种制度中，上自朝廷的典章礼仪、国家的组织和法律、朝廷礼乐，下至学校组织、社会礼俗、族规家法、人际关系、个人道德。西汉时，儒家思想的代表董仲舒建立了"三纲五常"的社会伦理规范体系，概括来说就是"君为臣纲，父为子纲，夫为妻纲"，也就是说，在朝廷中，君主拥有绝对的权力，大臣要严格服从君主的命令；在家庭中，父亲拥有绝对的权威，晚辈要严格服从长辈的命令。儒家文化已经有两千多年的历史，在儒家文化盛行时期，整个社会存在严格的等级制度，人们会按照自己所处的社会等级规范自己的行为，并且不能超越这种等级。尽管儒家文化在现代社会不常被提及，但是儒家文化作为中华文化的主流和底色，在整个传承体系中仍占有特别重要的地位。这种文化思想对中国人的价值观和言行规范也产生了非常深远的影响，使我国形成了高权力距离社会形态以及威权主义的文化特点。

（三）小结

本部分介绍了我国上市公司董事长和总经理"两职分离"的现状以及我国特殊的文化背景。从理论以及现有文献来看，董事长和总经理"两职合一"更好还是"两职分离"更好没有形成统一的结论，但是现实中，董事长和总经理"两职分离"的公司占比更高，在"两职分离"的公司中董事长与总经理之间的权力配置存在一定的差异，而这种权力配置差异是否会影响团队的有效性，影响上市公司的经济行为，目前我们无法得知。儒家文化是我国形成高权力距离社会形态以及威权主义文化的根源，也是我国特有的文化背景。从文化背景来理解公司治理以及公司决策具有非常重要的作用，如何将文化与企业财务研究相结合也受到越来越多学者的关注和重视。已有研究发现，企业所处的社会文化可能影响企业董事会结构，如儒家文化影响较深地区的企业更不可能聘用女性董事（Du，2016），宗教文化作为一种外部治理力量，可以约束企业财务报告违规行为（Mcguire et al.，2012）、增强污染企业的社会责任（Du et al.，2014）、降低企业的代理成本（Du，2013）、影响企业的风险承担（Dyreng et al.，2012）等。因此，在研究上市公司高管决策以及董事长和总经理权力配置的可能影响时，必须结合我国特有的文化背景，从而为进一步理解我国上市公司的决策提供科学合理的解释。

二、理论基础分析

（一）委托代理理论

委托代理理论最初是由 Jensen 和 Meckling 在 1976 年提出的，是研究公司治理以及高管决策的重要理论基础之一。现代企业中，股东拥有企业的剩余索取权，而管理者受股东委托，掌握公司的经营决策权，因此实现了现代公司的"两权分离"。在"两权分离"的基础上，现代制企业存在委托人（股东）和代理人（管理者）的契约关系，相对于委托人，代理人拥有更多企业内部信息，即企业存在信息不对称问题，而代理人存在自利动机，在以上两个因素的综合作用下，代理人可能会通过降低努力程度、增加在职消费或其他机会主义行为，以偏离甚至牺牲委托人的利益为代价实现自身利益的最大化，因而产生了代理问题（Grossman and Hart，1982）。而代理理论认为，可以通过设置有效的契约安排将代理人薪酬与股东财富相联系，从而激励代理人基于股东利益最大化行事，减弱企业的代理问题。

企业中存在两种委托代理关系，从公司角度来说，股东和经理人之间是一种委托代理关系，根据委托代理理论，一个有效的内部治理机制可以实现对代理人的监督和制衡，促进企业内部治理水平的提高，进而提高企业决策效率和公司价值。"两职分离"的制度安排在一定程度上可以缓解企业经理人的委托代理问题，然而即使是"两职分离"的公司①，仍然存在一定的委托代理问题，公司经理人可能根据自身利益最大化而非股东利益最大化进行决策。从高管团队角度来说，董事长和总经理之间也是一种委托代理关系，董事长代表股东利益，而总经理是经理人的代表，具有谋求自身利益的动机，两者之间同样存在委托代理问题，如何缓解董事长和总经理之间的委托代理问题，促使两者和谐互动，信息共享，共同做出有利于企业价值最大化的决策，这既是高管团队建设关注的重点也是其面临的重要挑战。因此，本书将基于委托代理理论，考察董事长—总经理之间的权力差距是否可以帮助"两职分离"的上市公司进一步缓解委托代理问题。

（二）信息不对称理论

信息不对称理论产生于 20 世纪 70 年代，主要指的是在经济和社会活动中，拥有较多信息的人处于信息的有利地位，而拥有较少信息的人处于信息的不利地位，从而造成契约的不公平以及市场效率低下。根据信息不对称的发生时间可以将信息不对称划分为逆向选择和道德风险。逆向选择是一种事前的信息不对称，指的是交易前交易双方由于信息不对称和机会主义的存在，掌握信息较多的交易

---

① 截至 2016 年底，在我国上市公司中，董事长—总经理"两职分离"的公司占比高于 70%。

方通过隐瞒信息而获得租金，导致交易价格扭曲，"劣质品驱逐优质品"，最终导致不合理的市场分配以及市场效率低下。道德风险是一种事后的机会主义行为，由于交易的一方难以观测以及监督另一方的行为，因此造成其中一方做出增加自身利益而损害他人利益的行为，其中最为典型的是股东与经理人之间的代理问题。

本书认为，上市公司存在多种信息不对称行为：第一，上市公司股东与经理人之间存在信息不对称问题，经理人具有信息优势，而作为企业的所有者股东却处于信息劣势，经理人可能会利用权力为自己谋取私利，因此上市公司需要制定一套合理的公司治理机制对经理人进行有效的监督和激励；第二，上市公司债权人与公司内部管理者之间存在信息不对称，公司内部管理者以及股东有动机通过资产置换等行为挥霍债权人的资金获取私利，因此在进行借贷时，债权人会综合考虑上市公司的盈利能力、风险特征与公司治理水平，并且通过债务契约约束上市公司的机会主义行为；第三，企业高管团队内部也存在信息不对称问题，由于CEO是企业经营层面的最高执行者，CEO拥有更多的公司内部信息，因此，CEO对于企业的投融资决策等具有信息优势。但是，由于CEO具有自利动机，可能不愿将自己的信息与其他人共享，因此容易造成企业决策效率低下以及决策质量不高等问题。具体而言，董事长代表股东的利益，CEO代表经理人的利益，董事长和CEO是委托代理关系。因此，站在CEO的角度，CEO并不希望将自己的信息与董事长共享，尤其是当董事长和CEO之间存在一定的地位冲突以及权力斗争时，CEO分享信息会降低自己的竞争力，只有当CEO认为信息共享可以给自己带来更高的收益时，才会分享信息；而站在董事长的角度，信息共享以及有效沟通是企业做出科学合理决策的前提，董事长需要获取更多的公司内部信息从而帮助企业做出有利于股东价值最大化的决策。本书认为上市公司应该首先降低企业内部的信息不对称，促进企业内部的信息共享，这是提高企业决策质量和公司治理水平的重要途径，也是提高企业融资能力和投资效率的重要保障。

（三）高管权力理论

高管权力理论（又称管理层权力理论）是由Bebchuk等（2002）以及Bebchuk和Fried（2003）提出的。现代企业所有权和经营权的分离，导致股东和高管之间存在委托代理问题。在最优契约理论下，董事会代表股东的利益，可以决定管理层的薪酬，从而激励管理层做出增加股东财富的决策。然而，现实中，由于高管存在权力，高管可以利用手中的权力去干涉和影响自身薪酬契约的设计，造成管理层寻租行为，违背了最优契约理论，最终损害了股东财富。Bebchuk 等（2002）通过实证研究发现，管理层权力对于高管薪酬具有较强的解释力，经理人员可以俘获董事会，操纵自身薪酬，并且权力越大，这种寻租能力越强，薪酬契约不仅没有发挥治理作用，反而加重了企业的委托代理问题。管理层权力理论得到了大量的实验证据支持，研究发现高管权力成为影响高管薪酬的重要因素（Rundell and Mejia，2002）。基于我国的现实情况，我国的研究学者也发现了管理层权力理论的存在，如卢锐等（2008）、权小锋和吴世农（2010）、任广乾（2016）等也实证检验了管理层权力对高管薪酬的影响。

随着对管理层权力理解的进一步加深，研究学者发现管理层权力理论不仅存在于高管薪酬制定上，同时也会对公司治理、经济行为以及公司绩效等产生显著影响。根据管理层权力理论，管理层权力可能会给企业带来新的代理问题，随着管理层权力的增加，经理人对企业的控制权逐步增强，经理人可以利用权力打破公司治理所形成的权力监督和权力制衡的体系，造成管理层利用盈余管理、操纵信息披露等手段进行权力寻租，谋求自身利益，违背股东价值最大化的目标。现实中，高管权力的存在不仅会影响公司决策和治理效率，甚至可能直接扰乱高管团队秩序，严重影响企业正常的经营和发展。本书认为，高管团队秩序和地位与高管权力相关，高管权力是高管地位的保障，等级较高的成员应该拥有更高的权力，包括正式权力和非正式权力，这样才能使团队形成良好的秩序，保障团队内的沟通、决策和治理效率，进而改善企业的经营和业绩。

（四）社会规范理论

"规范"（Norm）一词最早来源于拉丁文，指的是"规尺"。后来，哲学家和行为科学家将它应用于研究人的社会行为标准，形成了特定的概念——社会规范。社会规范是哲学、社会学、行为科学以及心理学等学科的重要研究内容。不同学科对于社会规范概念的界定有所不同，但是总体来看，社会规范是整个社会和各个社会团体及其成员共有的行为准则，是社会成员的信念和价值标准。社会规范的形成是人们在社会化过程中，通过社会学习逐渐实现的，并且这种信念和价值标准可以内化为个人意识，即使没有外在的奖励和惩罚个人也会遵从。

North（1990）认为个体的经济行为不仅受到显性、强制的正式制度的影响，而且在很大程度上是由隐性的非正式制度决定的。非正式制度是正式制度的基础。从经济学角度来看，社会规范是一种无形的、深层嵌入社会的非正式制度（Akerlof，1980；Williamson，2000），是约束经济行为的标准和准则。与明文规定的规章制度不同，尽管社会规范具有未成文和非强制性的特点，但是社会规范以习俗、道德和规范等形式嵌入文化和意识形态中，对经济行为的影响广泛、深入和持久。个体处于社会组织中，其经济行为一定受到社会规范的激励和约束，并且有压力去服从和遵守社会规范。社会规范被认为是在"经济理性"和"效用最大化"之外，解释个体经济行为的有益补充甚至替代（Elster，1989）。

社会规范的形成与社会文化密不可分，不同的文化产生了不同的社会规范标准。而社会规范理论认为每个社会都有自己的规则或者价值标准，社会中的成员都应该遵守和服从它，违反社会规范的成员不会受到社会的认可，甚至会被排斥或者清除。社会规范在潜移默化地影响每个社会成员，符合社会规范的行为会产生积极后果。由于长期受到儒家思想的影响，我国形成了高权力距离社会形态以及威权主义文化，在这种文化的影响下，上级指导下级，下级服从上级，上下级之间存在一定的等级差别和权力差距，维持团队秩序和谐以及遵从权力是符合我国社会规范的。本书所研究的董事长—总经理权力差距很好地反映了我国社会组织团体中的社会规范。如果职位等级更高的董事长拥有更高的威望和地位，则可以形成更加和谐的领导团队，减少地位冲突以及权力斗争，团队成员也可以更好地互动和沟通，提高信息共享，降低团队内信息不对称的程度，从而提高决策效率，并且"一把手"强有力的领导可以更好地监督和约束下级（经理人）的机会主义行为，从而提高公司治理水平，进而提升企业价值；相反，如果下级（总经理）在企业拥有较高威望和地位，甚至超过上级（董事长），容易造成上下级之间的地位冲突，上级无法有效领导和监督下级，下级不服从上级命令，最终引发企业内部权力争斗和管理混乱，不仅降低了公司决策效率和治理效率，而且也会严重阻碍企业的健康发展。

（五）组织等级理论

等级（Hieratchy）是组织中普遍存在的一个特征，任何一个群体或者组织中都存在等级，等级的形成和基本功能是组织研究的重要内容。等级制度是社会关系的基本特征，在大部分组织中都存在金字塔式的等级结构，少数核心成员拥有更高的地位，资源在组织和个体之间不均等地分配。Magee 和 Galinsky（2008）将组织等级定义为某种有价值的社会维度上组织成员之间明确或者含蓄的排序。排序是指至少一个个体或者团体必须从属于其他个体或者团体。Magee 和 Galinsky（2008）将组织等级分为正式的等级和非正式的等级。正式的等级形式可以表现为工作职称、组织结构图、行政级别等方面。非正式的等级形式可以表现为能力、性别、阶级、种族、个人威望等方面。等级在组织中主要有两个功能：第一个是建立组织秩序，促进内部协调；第二个是激励功能，等级制度的安排可以激励低排序者通过自己的努力提高等级排序。权力等级是组织等级的重要维度，权力是个体拥有资源分配权的基础。

组织等级理论是建立在组织等级相关研究的基础上的，组织等级理论认为组织中的等级排序是一把"双刃剑"。一方面，如早期关于组织等级的研究发现，组织中的排序会造成成员之间的不平等，从而增加成员的不公平感知，进而导致员工满意度下降甚至产生冲突，不利于组织整体目标的实现（Anderson and Brown，2010）。另一方面，组织中的等级排序可以保持团队和谐，排序较低的成员倾向于服从排序较高者，并且等级排序可以减少成员之间不必要的冲突和摩擦，从而提高沟通和工作效率，并且可以激励排序较低的成员通过自身努力提高个人排序。组织等级理论的研究学者认为对于东方集体主义国家而言，团队中权力配置的不平等可能更具有优势，团队成员可以从中获益（Halevy et al.，2011）。中国是一个典型的等级观念较强的国家，因此，基于中国这样的文化环境，等级排序可能会有更积极的作用和意义。对于我国上市公司来说，董事长和总经理具有典型的职位等级排序，上市公司通过对公司治理结构的设计和安排，赋予董事长在企业中更高的职位等级排序。然而，除职位等级以外，组织成员之间的非正式等级排序对于成员的决策行为也具有非常重要的影响。因此，本书基于组织等级理论，拟从非正式等级排序的视角探究上市公司董事长—总经理权力差距的影响，试图发现权力差距在我国社会文化背景下的积极作用和意义。

（六）小结

本部分详细阐述了本书所运用的委托代理理论、信息不对称理论、高管权力理论、社会规范理论和组织等级理论，首先，明确了由于信息不对称、委托代理问题以及高管权力的存在，上市公司进行决策时存在团队管理无效以及决策低效的问题。其次，结合我国特殊的文化背景，明确了社会规范以及组织等级在我国上市公司高管团队的构建以及公司治理规范中的重要作用。本部分的理论基础为后续进一步研究董事长—总经理权力差距对上市公司投融资和创新行为以及企业绩效的影响奠定了良好的理论基础。

第三章　文献综述

一、权力差距相关研究

（一）高管权力

权力处于一个组织的核心地位，影响着组织运营管理的方方面面。不同的学科对于权力有着不同的定义。在管理学中，权力通常是指控制或者影响别人的能力（Pfeffer，1981；Eisenhardt and Bourgeois，1988）。高管权力，也称为管理层权力，是指高管团队相对于董事会的权力。高管权力的研究主要基于高管权力理论（管理层权力理论），该理论是由 Bebchuk 等（2002）以及 Bebchuk 和 Fried（2003）提出的，他们认为由于信息不对称的存在，企业会产生道德风险和逆向选择，高管薪酬作为解决企业代理问题的工具，不仅不能有效地解决代理问题，反而可能由于高管权力的存在成为代理问题的一部分。除了薪酬激励以外，对高管权力的研究已经拓展到公司治理以及公司财务行为等领域。由于 CEO 在高管团队中的领导作用，因此许多研究将高管的范围定义为 CEO，并且直接采用 CEO 权力来衡量高管团队的权力。

1. 高管权力与高管薪酬

所有权和经营权相分离是现代公司的基本特点，但是也形成了股东和管理者的委托代理关系，并且引发了委托代理问题。Jensen 和 Meckling（1976）认为为了避免委托代理造成的管理者决策偏离股东价值最大化，公司可以通过有效的契约安排将管理者薪酬与股东价值相联系，从而激励管理者基于股东利益最大化行事，即最优契约理论。最优契约理论的前提是董事会的有效谈判、市场的有效约束和股东可以行使权力。针对最优契约论，Bebchuk 等（2002）提出了高管团队权力理论（管理层权力理论），他们认为由于管理层具有权力，管理者可以俘获董事会，影响董事会决策，造成权力寻租获得私利，权力越大反而薪酬操纵越严重，管理者激励不能成为解决代理问题的工具，反而成为代理问题的一部分，造成高管薪酬与企业业绩之间并没有显著的关系。薪酬激励的"管理层权力理论"得到了大量的经验支持，已有研究主要从高管的薪酬水平、薪酬业绩敏感性和股权激励等方面研究高管权力对薪酬激励的影响。

从薪酬水平看，高管权力越大，其货币薪酬或者异常薪酬越高。Van Essen 等（2012）基于 219 篇美国背景的相关学术研究进行了元分析，试图探究 CEO 权力对 CEO 薪酬的影响。他们发现，当 CEO 可以影响企业薪酬机制时，CEO 会获得较高的收入。当董事会具有更高决定薪酬机制的权力时，CEO 的薪酬水平相对较低。这些研究表明管理层权力理论可以较好地解释 CEO 的核心薪酬，如总的现金收入。基于我国的数据分析，国内的学者也发现了管理层权力理论的存在。如卢锐等（2008）研究发现当管理层高管权力较大时，其在职消费显著提高，而企业绩效并没有显著改善。王新等（2015）的研究发现经理人权力越大，越倾向于选择高额的货币化报酬。高管权力越大，其在职消费等私有收益更高。权小锋等（2010）以国有上市公司为样本，发现我国国企高管权力越大，其获得的私有收益越高，而中央政府控制和地方政府控制的国有企业高管私有收益偏好存在差异。徐细雄和刘星（2013）从权力寻租视角检验了高管权力与腐败行为，发现 CEO 权力越大，企业越可能发生高管腐败行为。权小锋等（2010）以及陈震和丁忠明（2011）等发现高管权力造成的高薪酬水平主要发生在国有企业和垄断企业。

从薪酬业绩敏感性和薪酬粘性来看，熊风华和彭珏（2012）发现高管权力越大，薪酬业绩敏感性越低。权小锋等（2010）发现高管权力越大，薪酬与操控性业绩的敏感性越大。方军雄（2009）发现高管薪酬存在显著的粘性特征，即在企业业绩上升和下降时，企业高管薪酬表现出非对称变化，相比于普通员工，企业业绩上升时，高管薪酬增幅更大，而下降时，高管薪酬降幅更小。Morse 等

（2011）还发现了挖掘激励性薪酬现象，即强权 CEO 会影响董事会评价业绩指标的选取，使董事会在评价时可以选取有利于自身的业绩指标，从而获得更高的薪酬。并且他们发现这种挖掘效应可以解释至少 10% 的薪酬业绩敏感性，显著降低公司经营业绩。

从股权激励看，高管权力越大，越有可能在股票激励计划中获取私有利益。例如，Pollock 等（2002）发现，CEO 权力越大，越有可能导致公司高管期权进行重新定价。王烨等（2012）发现当管理层权力越大时，股权激励计划中所设定的初始行权价格越低。赵青华和黄登仕（2013）的研究发现，公司高管团队权力越高，公司越有动机推出股票期权激励计划。吕长江和赵宇恒（2008）以及吕长江等（2009）发现当管理层具有较大的权力时，其可以通过设计激励计划，获取较高收益。

上述证据总体而言支持高管薪酬的管理层权力理论，但也有一些研究发现了与管理层权力理论不相符的现象。例如，Murphy（2002）对比了外聘 CEO 和内部晋升 CEO 的报酬，他们发现外聘 CEO 在第一年的总报酬大概是内部晋升 CEO 的两倍，并且外聘 CEO 上任初期并不能影响董事会制定其报酬，这与管理层权力理论假说相矛盾。Bebchuk 和 Fried（2003）认为董事会在对外聘 CEO 进行谈判时并不能保证完全独立，因为外部 CEO 可能成为公司的领导，从而影响董事们的任命和报酬事宜，因为董事会并不能充分代表股东利益，也就是说即使是外聘 CEO 也会出现影响董事会薪酬决策的可能。

2. 高管权力与公司战略

公司的高管特别是 CEO 在企业战略决策过程中发挥着重要作用，有关高管权力与公司战略的研究表明当高管权力较小时，其进行战略变革的动机往往较小。如 Karaevli 和 Zajac（2013）探究了 CEO 接班人来源与企业战略变革的关系，他们发现在公司相对稳定时，外聘的 CEO 由于权力受到限制，因此较少进行战略变革。周建等（2015）从董事会领导权分离模式探究高管权力对企业战略变革的影响，他们发现学徒式董事会领导权分离模式与战略变革负相关，学徒式 CEO 由于权力受到限制而导致其变革意愿和力度减弱。

3. 高管权力与融资行为

由于代理问题的存在，高管倾向于做出有利于自身效益最大化的决策，从而损害股东价值。而公司债务的存在可以缓解高管通过自由现金流实现自身利益的问题（Jensen，1986），并且公司债务的存在增加了公司破产的风险，从而激励高管努力工作（Grossman and Hart，1982）。因此，对于一个公司来说，应该维持一个相对较高的债务水平。然而，CEO 权力的大小会对公司的债务水平产生重要影响（Chintrakarn et al.，2014）。当一个公司 CEO 的权力相对较小时，公司董事会倾向于提高企业的债务水平，来缓解公司的代理问题。而当 CEO 具有较大的权力时，CEO 可能通过接受偏离公司最优债务水平从而提高自己的利益。如 Berger 等（1997）发现管理层权力较大的公司更可能接受较低的债务水平。Zwiebel（1996）认为自利的 CEO 会倾向于减少债务从而避免债务融资带来的约束以及破产失业威胁。另外，一些研究认为强权 CEO 更倾向于接受较高的负债水平。Sun 等（2013）认为潜在的破产风险被视为一种无效率投资，因此可以降低公司被并购的可能性。Berger 等（1997）发现强权 CEO 会在由于投标出价或者非自愿更换 CEO 而受到职位威胁时提高债务水平。Chintrakarn 等（2014）则发现 CEO 权力与公司债务水平是一个非线性关系。当 CEO 权力相对较低时，公司倾向于使用更多的外部融资来减弱 CEO 采用非最优化决策的倾向，而当 CEO 权力超过一定水平时，会形成职位堑壕效应，CEO 会根据自己的需要操纵企业的债务水平。

4. 高管权力与投资行为

现有研究主要从资本支出和投资效率两方面考察企业投资行为。从资本支出看，现有研究认为高管权力越大，企业资本支出的规模越大。Kang 等（2006）发现管理层薪酬越高、管理层持股水平越高，其投资水平越高，表明管理层权力与投资水平具有显著正相关的关系。卢馨等（2014）构建了综合变量衡量管理层权力强度，并且发现管理层权力强度越大，企业的投资水平越高。赵纯祥和张敦力（2013）从权力寻租视角探究了管理者权力与企业投资决策的关系，他们发现管理者结构权力、专家权力和声望权力均与企业投资正相关，这表明随着权力增长，管理者通过扩张投资进行寻租的能力更强。从投资效率来看，现有研究的主要观点是高管权力越大，越可能通过非效率投资来实现寻租（Bebchuk and Fried，2003）。如董红晔和李小荣（2014）认为高管权力增大是国有企业过度投资严重的重要影响。王茂林等（2014）认为管理层权力越大，企业更可能出现非效率投资。在衡量高管权力时，已有研究也采用了不同的维度和指标。如管理层持股水平（Hadlock，1998）、独立董事比例（Richardson，2006）、两职兼任（Lipton and Lorsch，1992）、董事会规模（Fama，1980）等。也有一些学者得出了不一样的结论，如唐雪松等（2007）认为管理层持股可以降低代理成本，从而抑制企业的非效率投资。谢佩洪和汪春霞（2017）认为管理层权力与投资效率的关系在不同的企业生命周期表现出不同的作用。

5. 高管权力与风险承担

在代理理论框架中，公司所有权和控制权的分离导致企业代理问题的出现，由于高管的人力资本与企业业绩高度相关，因此较高风险的行为带来的业绩波动会提高高管的雇佣风险，基于风险规避假设，拥有权力的高管可能制定有利于自身利益的决策，从而表现出较高的风险规避行为（Eisenhardt，1989）。而公司治理的一个重要目标就是建立有效的激励和监督机制，促使代理人与经理人利益相一致，鼓励其承担更多的风险，减少高管的机会主义行为（Boyd et al.，2011）。基于代理理论，研究发现，当公司高管具有较大的权力时，企业的风险承担水平更低。例如，Pathan（2009）考察了 CEO 权力对银行风险承担的影响，他发现当 CEO 权力较大时，银行的风险承担水平更低。吴卫华等（2014）发现当企业高管团队权力与企业冒险倾向负相关，这说明高管权力会降低其风险承担的意愿。

然而，代理理论中管理层倾向于风险规避的假设并没有得到所有学者的认可，一些学者认为高管实际上可能是风险偏好者（Wiseman and Gomez – Mejia，1998），这与社会心理学提出的权力趋近/抵制理论相一致。而大量研究也支持了这一观点，即管理者权力较大更可能做出极端决策，导致企业风险承担水平更高。例如，Lewellyn 和 Muller – Kahle（2012）运用社会心理学的权力趋近/抵制理论的角度进行了分析，他们发现 CEO 权力可以促使高管承担额外的风险。Adams 等（2005）发现结构性权力较大的 CEO 所在的企业，股票收益率的波动性更大。权小锋和吴世农（2010）发现，CEO 权力较大，公司的经营业绩更好，同时公司的经营风险也更大。

6. 高管权力与公司创新

对高管权力与创新的关系，现有研究并未得出一致的结论。一些研究基于委托代理理论和管理层权力理论，认为作为代理人的高管具有利己的特质，他们可能更注重短期业绩和利益，尤其是在其薪酬与短期业绩考核挂钩时。企业的创新投入，既存在很高的不确定性，又存在较长的投资周期，这很难在短期内提升企业业绩，因此，高管并不愿意进行创新投入。如 Kor（2006）认为创新研发具有高风险的特征，因此 CEO 倾向于限制研发项目，当 CEO 相对于董事会具有较高的权力时，CEO 可以干涉董事会决策，因此企业的创新研发活动更少。周建等（2013）认为 CEO 会使用自己的权力干涉董事会的研发决策，当其拥有更大的权力时，CEO 的风险偏好得以在企业的战略决策中体现，因此企业的研发投入水平会降低。还有一些研究认为高管权力可以帮助管理者迅速及时地做出决策，强权CEO 可能更有自信从而愿意投资有风险的项目，促进企业创新。例如，Chen（2014）基于我国台湾地区上市公司数据，研究发现董事会更愿意为强权 CEO 的公司提供创新资源。Sariol 和 Abebe（2017）研究发现 CEO 权力与组织创新具有显著正相关关系。Shahbaz（2018）采用工具变量的方法探究 CEO 权力与公司创新的关系，他发现强权 CEO 可以提高企业的专利产出。

7. 高管权力与公司治理

管理层权力理论认为，当高管具有较大的权力时，可能会干预董事会决策过程，降低董事会决策和监督效率。Arrow（1962）指出，权力较大的高管可能通过控制企业的关键资源（如供应商、客户等）、积累专有性人力资本等方式强化自身的不可替代性，降低董事会的治理效率。Hermalin 和 Weisbach（1998）发现CEO 权力的增加会降低董事会的效率。Fracassi 和 Tate（2012）发现，具有更大权力的 CEO 会利用权力影响董事会的聘任过程，更倾向于聘任与 CEO 有关联关系的董事。周美华等（2016）从腐败的角度探讨权力寻租的后果，他们发现高管权力越大，越可能导致利用权力谋求私利的行为，形成企业腐败，弱化公司治理。刘焱和姚海鑫（2014）发现，高管权力的增大会削弱审计委员会对内部控制的监控作用。方军雄等（2009）认为高管兼任董事形成了高管可以干预聘任监管自己的情况，从而导致董事会效率下降。刘星等（2012）发现，高管权力的增大降低了其被解雇的可能性，从而发挥了职位堑壕效应。

8. 高管权力与公司绩效

高管权力与公司绩效的关系，现有研究存在两种观点：一种观点认为，管理层权力过大，会导致管理层过度自信，忽略专家以及其他高管成员的建议和意见，更可能做出损害股东价值的决策（Eisenhardt and Bourgeois，1988；Haleblian and Finkelstein，1993）。另一种观点则认为，高管权力并非有害无益。高管具有权力可以使其在压力下及时做出决策，对市场变化做出迅速的反应（Finkelstein and D'Aveni，1994；Boyd，1995）。大量实证研究也考察了高管权力与企业价值的关系，并未得出一致的结论。一些研究发现 CEO 权力会损害企业价值（Agrawal and Knoeber，1996；Bhagat and Black，2002），还有一些研究发现 CEO 权力可以提升企业价值（Weisbach，1988；Brickley et al.，1994），还有一些研究发现 CEO 权力与企业价值之间并没有关系（Baysinger and Butler，1985；Hermalin and Weisbach，1991）。Adams 等（2005）发现，CEO 权力更可能造成企业极端的业绩表现，包括最好的和最坏的企业业绩。大多研究采用 CEO 是否"两职合一"或者是否由创始人来衡量 CEO 的相对权力。近期的研究，学者采用 CEO 相对薪酬比例来度量管理层权力，如 Bebchuk 等（2011）发现，CEO 权力降低了公司业绩和价值。Lee 等（2015）认为 CEO 权力水平更能解释权力与公司价值的关系。他们首先估计出最优 CEO 相对薪酬比例作为最优 CEO 权力水平，然后发现正常水平的 CEO 权力可以提升企业价值，而过大或者过小的权力水平则损害了企业价值。Han 等（2016）认为 CEO 权力是一个综合维度的概念，因此他们通过七个子指标构建了 CEO 综合权力。Li 等（2017）将 CEO 权力分解为 CEO "硬权力"和"软权力"（如 CEO 是否"两职合一"、是否是创始人等）。国内大量学者也探究了高管权力与企业价值的关系，结论并不一致。如权小锋和吴世农（2010）发现，CEO 权力强度越大，公司的经营业绩越好。韩立岩和李慧（2009）检验了中国上市 CEO 权力对财务危机公司业绩的影响，他们认为 CEO 权力大小与公司业绩正相关，并且 CEO 权力较小是公司陷入财务危机的重要因素。另外，权小锋等（2010）认为随着权力的增大，高管可以通过操纵盈余影响薪酬，这会损害企业价值。赵息和张西栓（2013）则检验了高管权力与并购绩效的关系，他们发现高管权力对并购绩效有负向作用。刘锦等（2015）区分了 CEO 正式权力和非正式权力，他们发现 CEO 正式权力与企业绩效并非线性关系，而是呈倒"U"形的非线性关系。

9. 高管权力与财务报告

现有研究总体而言支持了高管权力会削弱财务报告质量。首先，高管权力会影响企业的盈余管理。高管由于个人薪酬、股权激励等原因存在操纵企业盈余的动机（Healy，1985），当高管权力越大时，其操纵盈余的能力越强。Malmendier和Tate（2009）以明星CEO为研究对象，研究发现明星CEO更可能为了满足市场的高业绩预期而操纵其盈余，并且CEO权力越大，正向盈余操纵越明显。贺琛等（2014）和周冬华（2014）也发现随着高管或者CEO权力的增大，其盈余管理的程度越高。顾署生和刘杨晖（2014）发现CEO权力越大，其公司盈余相关性越强。徐良果等（2012）将管理层权力区分为正向权力和负向权力，他们发现管理层"正"向权力同信息披露质量呈负相关关系，管理层"负"向权力同信息披露质量呈正相关关系。

（二）权力分布

尽管CEO是企业经营决策的主要领导者，并且大量研究在度量高管权力时也是以CEO权力来替代的，但是高管团队中其他成员对于企业的战略决策和资源配置同样也有着非常重要的影响，并且高管团队成员的权力分布是不均等的（Finkelstein，1992）。因此，在对高管团队权力进行研究时，不能忽视高管团队成员的权力分布。从权力分布探究高管团队权力对组织决策以及组织绩效的影响也取得了丰硕的成果。

Finkelstein（1992）是最早系统研究高管团队权力分布的学者之一，他认为对于高管权力的研究依赖于权力在高管团队内的分布。例如，如果在一个组织中，CEO拥有主要权力，那么CEO的权力可以代表高管团队权力；相反，如果权力分布并非集中于CEO，那么研究高管团队成员之间的权力分布更有意义。为了度量高管团队的权力分布，首先需要度量高管成员各自的权力大小，为此，Finkelstein（1992）提出了高管权力的四维模型，他认为权力可以划分为结构性权力、所有权权力、专家权力和声望权力四个维度，并且对于每个维度的权力应该采用什么指标进行衡量，也给出了一些建议，为度量高管成员各自的权力提供了可靠的方法，受到众多学者的认可和使用。

大量研究考察了高管团队权力分布的不均衡与企业绩效的关系，然而结论存在矛盾。一些研究认为高管团队权力分布的不均衡会对企业绩效产生不利的影响。Eisenhardt和Bourgeois（1988）以及Haleblian和Finkelstein（1993）认为高管团队成员之间的权力不平等是造成企业政治的主要因素，而企业政治则降低了成员之间的沟通效率和信息分享，从而影响企业战略决策的制定和实施，最终影响企业绩效。Dewett（2004）认为权力的不均衡会降低企业的创造性，权力小的成员提出创新方案面临更高的风险，因此，会抑制企业的创新发展，最终降低企业的业绩。Patel 和 Cooper（2014）以结构性权力为基础，探究了家族成员与非家族成员之间的权力平等性对公司绩效的影响。他们的研究结果发现家族成员与非家族成员之间权力越平等，其公司绩效越好，并且当处于迅速变化的环境中以及公司内部治理表现越好时，两者的关系更显著；而当公司 CEO 为创始人时，关系会更弱。Patel 和 Cooper（2014）的研究为权力分布如何影响家族企业治理提供了经验证据。

也有一些研究发现，权力分布不均衡有利于企业绩效。Roberto（2003）认为当权力集中在少数高管时，可以加快企业决策的制定，提高企业效率，最终有利于企业绩效。Smith 等（2006）探讨了高管团队权力分布对组织绩效的影响。他们试图回答三个问题：第一，高管团队的权力分布类型是怎样的；第二，高管团队的权力分布是否会影响组织绩效；第三，如果高管团队的权力分布影响组织绩效，那么如何影响。为了回答这三个问题，Smith 等（2006）对 51 家医院的高管成员进行问卷调查，被调查者需要对他们团队成员的相对权力进行打分。根据调查的打分结果，Smith 等（2006）计算了高管团队的权力变异系数（TPD），该系数趋近于 0，则代表高管团队成员权力平均分布；该系数趋近于 1，则代表高管团队中有一个权力较大的管理者，而剩下的团队成员权力较小。Smith 等（2006）的研究发现在团队中，所有的高管都有一定的权力，并且权力分布不均等的高管团队其公司绩效会更好。

近些年来，国内对于高管团队权力分布的研究也取得了一定的成果。卫旭华等（2015）认为在中国的文化背景下，高管团队权力不平等具有功能性的一面，高管团队权力（结构性权力）的不平等形成了明确的权力等级以及任务型子群体，这样有利于企业团队合作和信息共享，最终提高企业的创新强度。曹晶等（2015）将权力分布进一步细分为两个特征，即权力集中在最高者以及高管团队整体的权力分布，他们认为这样才能更全面地刻画高管团队的权力分布。他们的研究结果发现当高管团队整体权力分布较为均衡，并且权力更多地集中在高管团队的最高权力者时，企业的绩效最高。

（三）权力差距

高管团队成员之间权力差距的研究兴起于西方，建立在高管团队权力分布的基础上，是高管团队权力分布的进一步深入和拓展。高管团队权力分布关注的是整个高管团队，而权力差距则主要关注组织内 CEO（西方企业组织中的"一把手"）与其他团队成员之间的权力配置对决策效率以及组织绩效的影响，然而研究结论并不完全一致。

支持权力差距的文献认为，一名强有力的最高领导者可以有效提高企业的决策效率，从而促进企业的绩效。例如，Smith 等（1994）认为，若所有高管都具有同等的权力，则可能导致无效且漫长的讨论与决策过程，从而可能丧失重要的机会。Roberto（2003）指出，在高管决策过程中，需要集中主要权力的核心高管控制决策过程，这样可以高效率地发挥所有高管成员的专业优势，从而帮助企业提高战略决策的效率和质量。Greve 和 Mitsuhashi（2007）同样认为，"一把手"的集权或者高管团队内的高权力差距有助于企业适应外部环境的变化，促进企业进行快速的战略调整，从而对组织绩效产生积极影响。Smith 等（2006）的研究发现权力差距对组织绩效具有正面的作用。张建君和张闫龙（2016）认为，为了保持团队稳定有序，团队"一把手"必须有足够的权威，包括正式的和非正式的权威。为此，"一把手"必须在某些方面优越于其他团队成员，尤其是"二把手"。当"一把手"相对于团队的其他成员（尤其是"二把手"）没有权力差距时会产生不安全感，从而导致不稳定。因此，"一把手"和其他成员之间的权力差距是保持团队秩序和稳定的重要因素，也是团队有效性的基本前提。Krause 等（2015）认为，权力集中可以促使权力更为有效地使用，避免无端争论并且保证决策的有效性。Krause 等（2015）的研究则将样本集中在拥有共同 CEO 的公司（CO－CEOs），当公司具有两个 CEO 时，其两者的权力分布如何影响企业的绩效，究竟是统一指挥原则还是共同指挥原则可以更好地提高企业的绩效。他们的研究结果表明，当公司同时拥有两个 CEO 时，两个 CEO 之间的权力差距与公司业绩存在正相关的关系，这个结果支持了统一指挥原则。而反对权力差距的文献认为权力差距的存在可能会激发公司政治，限制信息共享，对绩效有负面作用（Eisenhardt and Bourgeois，1988；Haleblian and Finkelstein，1993）。

二、企业融资相关研究

企业的融资方式可以分为内部融资和外部融资。内部融资通常来自企业自有资金和留存利润，而外部融资又可以分为债务融资、股权融资、商业信用等。其中，对于资本市场并不发达的新兴国家而言，债务融资是企业获取外部资金最重要的方式，因此如何以较低的成本获取债务融资成为企业以及学术界关心的重点。根据 Jensen 和 Meckling（1976）的委托代理理论，公司股东以及管理者有动机通过资产置换以及债务悬置等行为牺牲债权人利益来获取私利。因此，债权人在向企业进行借贷时，会通过考察企业的盈利能力、现金流以及公司治理水平等来判别企业的债务违约风险。当债权人认为企业的债务违约风险较高时，便会要求更高的风险溢价来弥补投资风险。因此，对于企业而言，改善公司治理水平、降低债务违约风险是企业降低债务融资成本的重要途径。现有研究主要从宏观环境层面以及微观企业层面探究债务融资的影响因素。

宏观环境层面。货币政策是宏观经济进行调控的基础性工具，并且会对企业的债务融资环境产生影响。Taylor（1995）认为，货币政策影响企业成本最显著的路径就是影响企业的融资成本，当货币政策紧缩时，利率的提高将增加企业获取银行贷款的成本，进而影响企业的银行贷款。叶康涛和祝继高（2009）检验了货币政策与信贷配置效率的关系，发现紧缩的货币政策在一定程度上降低了信贷资金的配置效率。陆正飞等（2009）则发现民营企业在货币政策紧缩时受到了"信贷歧视"。产业集聚是经济发展的重要现象，已有研究发现产业集聚也会对信贷资源配置以及企业融资产生影响。例如，盛丹和王永进（2013）考察了产业聚集对企业债务融资的影响，研究发现产业集聚有助于提高信贷资源的配置效率，并且显著降低了企业的融资成本。魏志华等（2012）认为，良好的金融生态环境可以改善企业的融资环境，从而有助于上市公司获得较低成本的债务融资。

微观企业层面。从微观企业层面探究债务融资的影响因素的文献较多。例如，已有研究发现与银行建立关联可以缓解企业的融资约束（Lu et al.，2012），祝继高等（2015）也发现银行关联可以显著增加企业的银行借款，体现了银行关联的资源效应和信息效应。董事网络可以帮助企业获取稀缺资源，从而获得更多的债务融资（王营和曹廷求，2013）。除了与银行建立关联，与企业建立政治关联也可以帮助企业缓解融资约束（罗党论和刘晓龙，2009；李姝和谢晓嫣，2014），李维安等（2015）发现有政治关联的民营企业可以通过慈善捐赠获得更多的信贷资源。企业的内部控制、信息质量以及公司治理水平同样会影响企业的债务融资行为。例如，林钟高和丁茂桓（2017）以及陈汉文和周中胜（2014）都发现良好的内部控制质量可以缓解企业的融资约束，降低企业的融资成本。Jaffee 和 Russell（1976）认为，银行与企业之间的信息不对称会导致银行不能正确评估企业的盈余能力和发展前景，进而会导致信贷市场上出现信贷配置问题，因此较好的会计信息质量可以提升企业的融资能力。胡奕明和谢诗蕾（2005）认为，银行的贷款决策会考虑到企业的信息透明度等信息质量指标，当企业的信息透明时，贷款利率会较低。李志军和王善平（2011）等发现信息披露质量较好的企业在货币政策紧缩时获得了更多的银行借款，这表明信息披露质量可以减轻紧缩货币政策对企业债务融资的不利影响。徐昕和沈洪波（2010）以及饶品贵和姜国华（2011）的研究认为，会计稳健性受到银行越来越多的关注，银行贷款比例越高的公司，有更强融资需求的公司，会计稳健性更好。王运通和姜付秀（2017）认为当企业具有多个大股东时可以减少企业控股股东的利益侵占行为，从而提高公司治理水平，最终使企业的债务融资成本更低。

三、企业投资相关研究

投资是财务金融领域的重要研究话题。从宏观层面来讲，投资是驱动经济增长的重要引擎；从微观层面来讲，投资是企业成长以及价值创造的主要动因。因此，投资与企业发展乃至整个宏观经济的增长都具有密切的关系。然而，已有研究表明，我国的上市公司普遍存在非效率投资以及过度投资现象，投资效率不高（张纯和吕伟，2009；徐向艺和李鑫，2008；姜付秀等，2009）。根据近几年的国家统计局的统计数据，投资是我国经济持续高速增长的主要驱动力，因此如何降低企业的非效率投资、提高投资效率成为我国经济发展急需解决的现实问题，并且也受到学术界的广泛关注与讨论。

从理论上来讲，当市场是完备的时，投资机会是决定企业投资决策的主要因素，但是现实中，由于市场摩擦的存在，企业的投资往往与最优决策相背离（Stein，2003），从而可能导致企业出现过度投资等投资效率低下的问题。根据以往文献，企业外部制度环境以及企业内部治理因素等都会对企业的投资决策产生影响。

企业所处的宏观环境直接决定了企业的投资水平（徐业坤等，2013）。在宏观环境中，政府是影响投资效率的重要原因之一。已有文献发现政府质量对于企业的投资效率具有促进作用（陈德球等，2012），政府干预可以作为市场机制缺失的替代缓解内部人控制带来的非效率投资（钟海燕等，2010），而程仲鸣等（2008）则认为政府干预可能导致地方国有上市公司出现过度投资现象。政治权力的转移即官员更替可以降低地方国企的过度投资（曹春方，2013）。黄海杰等（2016）以"四万亿投资"政策探究了政府出台的经济刺激对企业投资效率的影响，研究发现，"四万亿投资"政策降低了企业投资效率。申慧慧等（2012）认为企业面临的不确定性环境可能导致企业出现投资偏离。方军雄（2006）认为市场化进程有助于改善企业的投资效率。李延喜等（2013）研究了外部治理环境对行业管制与过度投资关系的影响，研究发现对于管制行业，外部治理环境的提高有助于降低企业的过度投资。陈信元等（2013）从行业竞争视角探究了对企业投资效率的影响，研究发现行业竞争改善了企业的投资效率。

从微观企业层面来看，企业存在的信息不对称以及代理问题是导致企业出现非效率投资的主要原因。非效率投资又分为投资不足和过度投资。从投资不足来看，Myers 和 Majluf（1984）指出，由于企业内外部之间存在信息不对称，即使企业有良好的投资机会，外部市场也无法获取企业的内部投资信息，因此企业无法以合理的资本成本筹集到足够的资金，最终导致企业放弃较好的投资机会，引发投资不足。信息不对称的存在还会导致代理问题的出现，如道德风险。作为企业代理人的管理层可能存在偷懒或者享受平静生活的动机，从而减少企业投资造成企业投资不足（Bertrand and Mullainathan，2003）。Jensen 和 Meckling（1976）认为所有权和经营权的分离导致了股东与经理人的利益不一致，因此经理人更可能对偏离股东价值最大化的目标作出决策。Ross（1973）同样认为代理问题使风险厌恶型的经理倾向于减少投资，从而降低风险，最终引发投资不足。从过度投资来看，经理人有动机为了私有利益建立"商业帝国"，从而导致企业将资金用于 NPV 小于零的项目，引发过度投资（Jensen，1986）。Johnson 等（2000）认为控股股东与中小股东之间的第二类代理问题同样可能导致企业为了控股股东利益而投资 NPV 小于零的项目，最终引发过度投资。赵纯祥和张敦力（2013）认为管理者权力加剧了管理者寻租的能力，从而导致企业投资效率降低。李万福等（2011）、方红星和金玉娜（2013）、周中胜等（2016）发现有效的内部控制可以缓解企业的非效率投资行为。徐倩（2014）、吕长江和张海平（2011）发现股权激励可以在一定程度上抑制企业的非效率投资。陈运森和谢德仁（2011）发现独立董事的网络中心位置有提高企业的治理作用，表现为更高的投资效率。袁建国等（2017）发现 CFO 兼任董事可以提高企业的投资效率。

四、企业创新相关研究

创新是企业发展和经济增长的重要驱动力，也是企业重要的经济行为之一。由于高管是企业创新活动的主要负责人，因此高管的动机、管理风格以及个人特征等都会影响其认知以及行为，进而对企业创新产生影响。高阶理论认为管理者的认知和行为与其个人特征有密切的关系。根据高阶理论，有研究发现高管的性别对企业的创新投入具有显著的影响，相比于男性，女性更倾向于选择较低的风险投资（Barua et al.，2010），因此女性高管的创新活动参与度更低，从而削弱了企业的创新意愿（Blake and Hanson，2005；王清和周泽将，2015）。除了性别，高管的个性同样会影响企业的创新活动。大量研究表明高管的过度自信可以提高企业的创新投入（Galasso and Simcoe，2011；易靖韬等，2015；林慧婷和王茂林，2014）。Sunder 等（2017）发现具有飞行爱好的 CEO，其创新投入更多，他们认为具有飞行爱好的 CEO 不仅喜欢冒险而且喜欢追求新的体验。高管的能力同样影响企业创新，如 Custodio 等（2013）发现具有通才的 CEO 会进行更多的创新研发；高管的学历、背景、任期等特征对企业创新也有重要影响（张兆国等，2014；冯海红等，2015）。李婧等（2010）研究发现家族上市公司 CEO 与控制股东之间的亲缘关系对企业创新有正向影响。除了研究 CEO 的个人特征外，高管团队的特征也在创新决策中发挥着重要的作用。一些研究发现，团队的异质性越高，其创新导向越明显（Hambrick et al.，1996；Bantel et al.，1989），但另一些研究发现，高管团队的职能背景异质性不利于企业创新（王雪莉等，2013）。随着高阶理论的发展，高管团队内成员之间的互动成为新的研究领域，由此形成了高管团队垂直对特征研究。高管团队垂直对是由 Tsui 等（1989）最早提出的，指的是团队中上下级职位形成的关系。Tsui 等（1989）的研究发现，当下属教育程度以及年龄低于上司时，下属表现出更高的忠诚度并且上司对下属更加喜爱，从而形成相互吸引。他们用社会规范理论解释上述现象，认为当高管团队垂直对特征存在一定的差异时，会对组织产生积极效果。基于这一思路，潘镇等（2017）研究发现董事长—总经理的人口特征差异，如性别、教育、任期会负向调节总经理掌控力与创新持续性之间的关系。王健忠（2018）研究发现董事长—总经理年龄差异对上市公司创新投入具有促进作用。

除了高管特征之外，高管权力对于企业的创新行为也具有重要影响，但是目前关于高管权力对企业创新影响的文献相对较少，Kor（2006）以及周建等（2013）认为创新研发具有高风险的特征，因此 CEO 倾向于限制研发项目，当 CEO 相对于董事会具有较大的权力时，CEO 可以干涉董事会决策，因此企业的创新研发活动更少。潘镇等（2017）认为总经理的强掌控力可以显著促进企业创新持续性。傅晓等（2012）研究了不同管理层的不同权力特征方式对企业创新的影响，结果发现威权领导对利用式创新有负向直接影响，仁慈领导对探索式创新和利用式创新均有正向直接影响。卫旭华等（2015）认为以往研究多关注于 CEO 的权力，而忽视了高管团队的权力分布，基于组织等级理论，他们的研究发现组织中权力不平等可以通过产生高管团队任务型子群体从而促进企业创新。

综合以上研究，现有文献分别考察了高管个人特征、高管团队特征、高管团队垂直对特征、高管个人权力、高管团队权力分布与企业创新的关系，而基于高管团队垂直对的权力特征对创新的影响尚未受到足够的关注。事实上，董事长和总经理构成了企业最基础和最显著的高管团队（Kate and Long，2006），是公司的核心领导者，均参与公司的创新战略决策，两者之间的权力配置必定影响两者互动与决策的制定，并且进一步对企业创新决策产生影响。

五、企业绩效相关研究

企业的绩效是企业经营能力以及盈利能力的综合体现，也直接关系着包括股东在内的利益相关者的权益。企业的投资决策、融资决策以及公司治理，最终的目的都是改善企业绩效，提升企业的价值，为股东创造更多的财富。现有关于企业绩效影响因素的研究成果非常丰富，从企业所处的外部环境因素到企业的内部治理机制，都可能会影响企业绩效。

从外部环境因素来看，货币政策是企业面临的重要宏观经济事件，货币政策的波动会影响信贷资源的配置，最终影响企业业绩（饶品贵和姜国华，2013）。通货膨胀预期的加剧会降低企业经营业绩（汪猛和徐经长，2016）。郝颖等（2018）认为监管政策可以有效抑制企业在职消费进而促进企业绩效提升。

从公司特征以及内部治理机制来看，李欢等（2018）研究发现客户集中度越高，企业经营业绩反而越差。管理层货币薪酬激励可以提升企业经营业绩（周仁俊等，2010）。杨超等（2018）认为企业的股权网络度分布可以影响企业的经营业绩。杨德明和刘泳文（2018）发现"互联网＋"的战略可以提升企业业绩。贺新闻（2018）发现管理层民族多元化通过有效竞争提升企业绩效。汪猛和徐经长（2016）发现企业激进避税行为会降低企业经营业绩，而李成等（2016）认为董事会成员的内部联结可以通过降低企业税收规避来提升企业价值。此外，高管权力（王新等，2015）、董事会结构（郝云宏和周翼翔，2010a）、股权结构（郝云宏和周翼翔，2010b）等都会对企业的业绩产生影响。

六、本章小结

本章首先从高管权力、权力分布以及权力差距三个方面，综述了现有关于高管权力以及权力差距的相关研究。总体来看，基于高管权力理论的研究发现，高管团队或者 CEO 拥有的权力越大，其越有可能做出有利于高管自身利益最大化的行为，这与代理理论的预测一致。而从权力分布以及权力差距视角研究高管权力的文献，研究结论存在一定的矛盾。从国外文献来看，支持者认为权力分布不均等以及权力差距可以提高企业决策有效性，快速应对战略变革。而反对者则认为权力分布不均等以及权力差距可能激发企业政治从而降低组织绩效。从国内文献来看，大部分研究认为，在中国特殊的背景下，权力不平等以及权力差距具有积极效果，可以维持高管团队秩序，形成明确的权力等级，从而提高企业的沟通以及信息共享，提高企业决策质量，最终改善企业绩效。

尽管高管权力的研究成果非常丰富，但是已有研究仍存在一些不足之处。首先，基于高管权力的研究，现有文献主要针对 CEO 个体或者高管团队整体，而忽视了高管团队内部的权力分布和各成员之间的相对权力。其次，对于权力的度量，现有研究存在多个维度和指标，从而造成研究结论的不一致。最后，关于高管团队权力的研究主要基于委托代理理论以及管理层权力理论，研究结论主要关注权力的消极后果，对于权力的积极作用关注不足。对于高管权力分布以及权力差距的研究，主要以西方企业为研究样本，并且研究结论并不一致。国内已有一些文献开始探讨高管团队内的权力分布以及权力差距，但是研究对象、指标度量方法等仍存在较大的差异，并且对于权力差距的经济后果的研究相对比较匮乏。高管权力的研究需要结合不同的社会文化背景，并且提出科学合理的测量方法，这是高管权力未来研究的重要内容。

本章还从融资行为、投资行为、创新行为以及企业绩效四个方面综述了企业经济行为的相关文献。总体来看，关于企业经济行为的研究成果非常丰富，企业所处的外部环境因素如货币政策、政府干预等以及企业自身的公司治理结构如高管权力、公司治理水平、内部控制等都可能影响企业的投融资决策和创新决策以及企业的绩效。现有对于投融资和创新行为以及企业绩效的度量指标和研究体系比较完整并且成熟，未来的研究方向是寻找新的研究视角，进一步加深理解企业经济行为的影响因素。

第四章 董事长—总经理权力差距的指标构建

一、概念界定

权力是社会学、法学、政治学、心理学等诸多社会学科的重要研究课题。权力在社会发展、人际交往、组织运营等过程中处于核心地位。组织中的每个人都可以通过权力去影响他人，同样地，组织中的每个人也都受到权力的影响。Hawley（1963）认为任何社会行为、关系以及组织都可以用权力来解释，因此，把任何社会关系系统转换成权力活动都是可能的。如果不了解权力的概念，就无法真正理解组织中的个体，更无法理解组织的运行（李胜楠和牛建波，2014）。伴随着不同学科的发展以及对权力的深入研究，对权力的界定和认识也在不断地改变，并且形成了丰富的理论和研究成果。

权力最早的经典定义来自 Weber 等（1947），其定义权力为"一个人在遇到抵抗的情况下实现自己意愿的概率和能力"，尽管这一定义受到多数学者的认可，然而随着学科和研究的不断发展，对权力的概念也产生了不同的理解和界定。例如，早期的研究学者 French 和 Raven（1959）认为权力来源于权力基础，当组织赋予个体一个正式的职位，那么他就相应地拥有了一定的权力，因此权力是一种结构变量。而 Emerson（1962）认为权力是社会关系的一个特征，不仅来源于正式的职位设置，也依赖于人与人或者群体与群体相互关系，权力体现了个体解决冲突并实现组织期望目标的能力。Pfeffer（1981）和 Finkelstein（1992）认为权力是个体能够根据自己的意愿行动或者影响别人的能力。本质上，权力是一种不对称的控制，权力大的人可以控制权力小的人（Fiske，1993），有权力的人可以控制价值资源（Fiske and Berdahl，2007）。简单来说，我们认为权力是一种通过控制有价值的资源来改变他人行为结果的能力（Keltner et al.，2003）。

在同一个组织中，由于职位、能力、经验、威望等的不同，不同的组织成员其权力也是不同的，因而形成了不同成员之间的权力差距。因此，本书定义董事长—总经理权力差距为董事长与总经理的相对权力，包括综合权力差距以及分维度、分指标权力差距，分维度、分指标权力差距指的是董事长的权力是否在某一权力维度或权力指标上高于总经理的权力。这里特别指出，由于在所有上市公司中，董事长与总经理的结构性权力已经固定，因此，本书所关注的权力差距指的是除结构性权力以外的其他权力差距。

二、构建思路

本书遵循"权力的来源—权力的度量—权力差距的构建"这一逻辑思路构建董事长—总经理权力差距指标。首先，本书明确了权力的来源有哪些，即组织成员的权力体现在哪些方面。其次，本书总结归纳了已有文献中对于权力的度量指标。最后，本书结合我国高管的现实情况，分别度量董事长和总经理的个人权力，进而构建董事长—总经理权力差距指标。

（一）权力的来源

权力的度量基于权力的基础——权力的来源。权力的来源非常广泛，职权、专业化的技能、稀缺性的知识、丰富的职能经验以及政治性的影响等都可以构成权力的来源。在组织中，权力可以分为正式和非正式两种，正式权力往往附属于组织的纵向层级关系，如正式的上下级关系，具有典型的制度化特征（Astley and Sachdeva，1984），而非正式权力则由组织中各成员的互动关系及个人特征构成，如声望、关系、资源、信息优势等（张耀伟等，2015；毛新述，2016）。Astley 和 Sachdeva（1984）认为组织中的权力有三个来源：层级权威、资源控制和网络中心度。①层级权威。其是指组织中的正式的上下级职位形成的权力关系。因此下属服从上级并非因为下级依赖上级，而是因为上级可以凭借职位行使权力。②资源控制。权力可以来源于对资源的控制能力。拥有更多关键性资源的个体可以有效面对更为复杂的环境，降低不确定性，其创造了依赖性因而拥有更大的权力。③网络中心度。在一个复杂的组织中，处于网络中心节点的人可以为其他个体提供互动渠道，并能把那些发挥零散作用的个体集合起来，因此其权力更大。

正如前文所述，董事长和总经理构成了企业中典型的上下级关系，两者职位权之间的差距在不同公司不存在显著差异，因此本书所关注的董事长和总经理的权力差距主要来源于除职位权以外的权力，是由专业化的技能、稀缺性的知识、丰富的职能经验以及政治性的影响等构成的权力，该权力差距在不同公司中会表现出较大的差异，从而可以对董事长——总经理权力差距进行更深入的研究和探索。

（二）权力的度量

对于权力的度量，Finkelstein（1992）首次对权力进行了相对科学的衡量，其根据权力的来源，将权力分为四个维度，即结构性权力、所有权权力、专家权力和声望权力，并指出可以衡量不同维度的指标。①结构性权力。结构性权力产生于正式的组织结构和层级权威。例如，由于 CEO 在组织中处于最高管理职位，因此其拥有最高的结构性权力。②所有权权力。个体在代理关系中的位置决定了个体所有权权力，例如，在其他条件相同的情况下，拥有重要股权的管理者相比于没有股权的管理者来说其所有权权力更大（Zald，1969）。③专家权力。经理人面对复杂环境解决突发状况的能力是专家权力的重要来源。解决复杂问题的能力越强，其专家权力越大。④声望权力。在面对政府、金融机构以及外部市场参与者时，拥有较高声望的管理者可以获得更多的支持以及合法性。拥有较高声望的管理者可以获得更多的信息以及资源帮助企业降低制度环境所带来的不确定性，其声望权力更大。Finkelstein（1992）提出的四类具体衡量指标如图 4 - 1 所示。

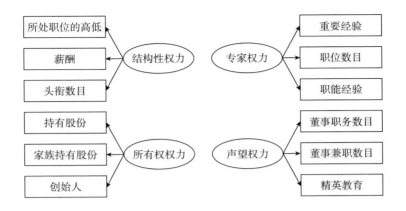

图 4 - 1 权力的度量

资料来源：Finkelstein（1992）。

Finkelstein（1992）的研究对高管权力的测量做出了里程碑式的贡献，随后大量学者基于他的研究对高管权力进行衡量，并且展开了高管权力对企业经营管理影响的实证研究。然而，对于权力的度量目前没有形成统一的标准，现有学者主要基于权力的来源对权力进行衡量，不同的学者对权力的度量具有显著的差异，因此形成了非常多的指标。具体来说，在衡量管理者的权力时，所采用的指标可以分为以下三类：个人的基本特征、董事会的特征、企业的特征。①个人特征包括个人的任职时间、学历，是否有高级职称、持股数量，是否"两职合一"，是否兼任执行董事、头衔、薪酬，是否是创始人，是否来自股东单位、董事经验等。②采用董事会特征间接衡量管理层权力，如董事会规模、独立董事比例、独立董事与上市公司工作地点的一致性、由 CEO 聘任的董事数量等。③采用企业特征间接衡量管理层权力。如机构投资者持股比例、股权集中度等。

在研究中，不同的学者赋予高管权力的内涵存在很大差异，大多学者往往选取上述指标中的一两项作为高管权力的测量指标，甚至同一学者在不同研究中所使用的高管权力指标也有较大的不同，尽管上述指标都与高管权力有关，但是在具体指标的选择上，研究往往缺乏必要的逻辑分析，并且没有形成一个完整合理的研究框架，这会混淆对高管权力的认知和理解，也限制了不同学者的研究成果的整合。因此，科学合理地度量高管权力以及权力差距，建立逻辑清晰的框架对于高管权力的研究具有非常重要的作用。

三、指标构建

上文介绍了权力的来源与基础、现有关于权力的度量指标，也指出了现有文献存在的不足。本部分将在已有文献的基础上，从多个维度和层次构建董事长—总经理权力差距。

本书旨在考察我国上市公司特有的二元领导结构董事长和总经理权力差距的影响，因此本书的研究样本为董事长和总经理由不同人担任的上市公司，董事长—总经理权力差距是本书的核心解释变量。张建君和张闫龙（2016）首次研究了董事长—总经理权力差距对组织绩效的影响，研究选取了学历、任职年限、创始人以及政治声望四个指标，通过将董事长在四个维度上的权力得分与总经理的权力得分相减构建董事长—总经理权力差距指标。

根据 Finkelstein（1992）的权力划分，权力具有四个维度：结构性权力、所有权权力、专家权力和声望权力。结构性权力的基础和来源主要依赖于组织赋予个体在企业中的正式职位。在以往文献研究 CEO 的结构性权力时，往往选取是否"两职合一"、是否兼任内部董事以及高管薪酬等指标。例如，相比于两职分离公司的总经理，"两职合一"公司的总经理结构性权力更大；相比于不担任公司董事的总经理，当总经理同时担任公司董事时，其结构性权力更大；薪酬越高的高管，其结构性权力越大。根据 Finkelstein（1992）的研究，结构性权力可以用职位、薪酬以及头衔三个指标来衡量。首先，从职位来看，上市公司董事长是董事会的主席，总经理是上市公司的高级执行经理，在所有"两职分离"的公司中，董事长在职位上均是高于总经理的；其次，从薪酬来看，在我国，高管薪酬与高管权力是相分离的，对于国有企业高管，其薪酬是管制的，因此采用高管薪酬度量高管权力并不合理（毛新述，2016）；最后，从头衔来看，据本书统计，上市公司总经理兼任内部董事的比例将近90%，因此采用头衔来度量高管的结构性权力也并不适用。综上所述，考虑到董事长和总经理的职位已经固定并且薪酬和头衔在我国并不适用，因此，本书主要关注除结构性权力之外的其他权力维度的差距。不过为了更加严谨，本书在模型中也加入了总经理是否担任公司执行董事这一控制变量，从而控制了结构性权力差距的可能影响。如果上市公司总经理同时担任上市公司内部董事，则定义总经理是否是董事会成员（CEOMTB）为1，否则为0。本书借鉴 Finkelstein（1992）对高管权力的划分维度和度量指标，并且结合我国的社会制度背景以及上市公司的现实情况，从所有权、专家权和声望权三个维度上各选取三个指标分别对董事长和总经理的个人权力特征进行刻画，并且进一步构建董事长—总经理权力差距，如图 4-2 所示。

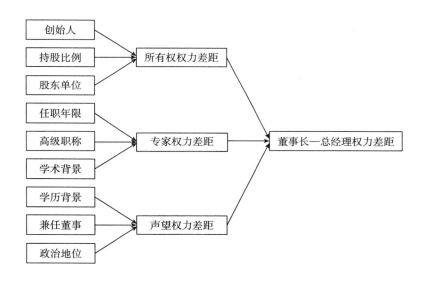

图 4-2　董事长—总经理权力差距的构建

（一）所有权权力差距的指标构建

高管的所有权权力来源于其在委托—代理关系中的位置（Finkelstein，1992）。当高管在委托—代理关系中处于委托方时，其对公司的决策拥有更强的话语权以及控制影响力。具体而言，本书从是否是创始人、持股比例以及是否来自股东单位三个方面来衡量董事长和总经理的所有权权力大小。

（1）创始人。当高管是公司的创始人时，高管不仅对公司经营模式和业务非常熟悉，并且在企业中拥有较高的威望，其在公司具有较高的地位和控制力（Cheng，2008；张建君和张闫龙，2016；刘焱和姚海鑫，2014）。借鉴刘焱和姚海鑫（2014）、瞿旭等（2012）的方法判别董事长和总经理是否是公司创始人，如果董事长或总经理在公司首次公开募股（IPO）时就是公司的管理人员，则认为董事长或总经理是公司创始人。表 4 - 1 统计了我国上市公司 2009 ~ 2016 年董事长和总经理是否是公司创始人的现状。其中，Panel A 统计了董事长和总经理是否为创始人的数量和比例。统计结果显示，董事长是创始人的观测值为 5646个，占比 43.57%，而总经理是创始人的观测值为 3264 个，占比 25.19%，低于董事长是创始人的观测值数量和占比。若董事长是公司创始人，总经理不是创始人，则认为董事长相对于总经理在该权力指标上有绝对优势，创始人权力差距（POWER_FOU）取 1，否则创始人权力差距（POWER_FOU）取 0。Panel B 统计了董事长—总经理创始人权力差距指标的分布。统计结果显示，创始人权力差距（POWER_FOU）取 1 的观测值为 2840 个，占比 21.92%，这表明，在这21.92% 的公司中，董事长在创始人指标上比总经理更有优势，即董事长比总经理具有更高的创始人权力。剩下 78.08% 的公司中，董事长在创始人指标上不具有优势，即董事长和总经理同为创始人或者都不是创始人，或者总经理是创始人而董事长不是创始人。

表 4 - 1　上市公司董事长和总经理是否为创始人的现状统计

Panel A

	董事长		总经理	
	观测值	占比（%）	观测值	占比（%）
创始人	5646	43.57	3264	25.19
非创始人	7313	56.43	9695	74.81
合计	12959	100	12959	100

Panel B

POWER_FOU	观测值	占比（%）
0	10119	78.08
1	2840	21.92
合计	12959	100

注：由于部分公司董事长和总经理个人数据缺失，因此共获得 12959 个观测值（下同）。

（2）持股比例。当高管具有更多的股权时，一方面，可以对董事的任命产生较大的影响力，从而有益于巩固自身地位；另一方面，拥有公司股权，相当于担任了股东的身份，因此增强了对董事会的决策影响力和话语权（权小锋等，2010；刘星等，2012；刘焱和姚海鑫，2014；董红晔和李小荣，2014；张春龙和张国梁，2017）。表4-2统计了我国上市公司2009~2016年董事长和总经理持股的现状。其中，Panel A统计了董事长和总经理的持股数量和比例，统计结果显示，在上市公司中，董事长和总经理不持有公司股份的样本占大多数，分别为7649个和7891个，占比分别为59.02%和60.89%。进一步计算董事长—总经理的持股比例权力差距，将董事长的持股比例减去总经理的持股比例，若结果为正值则认为董事长在该权力维度上更有优势，持股比例权力差距（POWER_SHA）取1；若结果为0或者负值，则持股比例权力差距（POWER_SHA）取0。Panel B统计了董事长—总经理持股比例权力差距指标的分布。统计结果显示，持股比例权力差距（POWER_SHA）取1的观测值有4644个，占所有上市公司的35.84%，这表明，在这35.84%的上市公司中，董事长比总经理拥有更多的公司股份，即董事长比总经理具有更高的持股比例权力，剩下64.16%的上市公司中，董事长与总经理持股比例相同或者总经理持股比例更高。

表4-2 上市公司董事长和总经理持股比例的现状统计

Panel A

	董事长		总经理	
	观测值	占比（%）	观测值	占比（%）
0	7649	59.02	7891	60.89
1%~5%	2707	20.89	4054	31.28
6%~10%	398	3.07	457	3.53
11%~20%	727	5.61	392	3.02
21%~30%	715	5.52	135	1.04
31%~40%	427	3.30	20	0.15
41%~50%	199	1.54	8	0.06
大于50%	137	1.06	2	0.02
合计	12959	100	12959	100

Panel B

POWER_SHA	观测值	占比（%）
0	8315	64.16
1	4644	35.84
合计	12959	100

（3）来自股东单位。当高管来自股东单位时，即高管同时在股东单位任职，那么相当于高管同时代表了股东的利益，那么高管在董事会的话语权更大，影响力也更大。表4-3统计了我国上市公司2009~2016年董事长和总经理是否来自股东单位的现状。其中，Panel A统计了董事长和总经理是否来自股东单位的观测值数量和比例，统计结果显示，有61.39%的董事长同时在股东单位任职，观测值数量为7955个，而只有20.46%的总经理同时在股东单位任职，观测值数量为2651个，进一步计算董事长—总经理的股东单位权力差距。首先，如果董事长来自股东单位，而总经理并非来自股东单位，则认为董事长在该权力维度上有绝对优势；其次，如果董事长和总经理同时来自股东单位，则进一步比较董事长和总经理在股东单位的任职，如果董事长在股东单位的任职高于总经理在股东单位的任职，则认为董事长在该权力维度上有优势。若董事长在股东单位指标上具有优势，则股东单位权力差距（POWER_ISC）取1；否则股东单位权力差距（POWER_ISC）取0。Panel B统计了董事长—总经理股东单位权力差距指标的分布。统计结果显示，股东单位权力差距（POWER_ISC）取1的观测值达到7224个，占所有样本的55.75%，这表明，有超过一半的样本公司，董事长在是否来自股东单位这一指标上比总经理更有绝对优势。

表4-3　上市公司董事长和总经理来自股东单位的现状统计

Panel A

	董事长		总经理	
	观测值	占比（%）	观测值	占比（%）
股东单位	7955	61.39	2651	20.46
非股东单位	5004	38.61	10308	79.54
合计	12959	100	12959	100

Panel B

POWER_ISC	观测值	占比（%）
0	5735	44.25
1	7224	55.75
合计	12959	100

本书构建了"是否为创始人、持股比例、来自股东单位"三个权力差距哑变量（0/1）来衡量所有权维度上，董事长的权力是否高于总经理，并将三个哑

变量进行加总，构建董事长—总经理所有权权力差距（POWER_OWN）。表4-4列示了我国上市公司2009~2016年董事长—总经理所有权权力差距的分布。数据统计显示，在所有权权力维度上，董事长更有优势的观测值达到10361个，占比为79.95%。其中董事长与总经理所有权权力差距（POWER_OWN）为1的观测值数量最多，达到6664个，占比51.42%，这表明在所有权权力三个指标中，董事长比总经理在一个指标上有绝对优势的观测值占比最多。而董事长与总经理所有权权力差距（POWER_OWN）为3的观测值只有649个，占比5.01%，这表明在所有权权力三个指标中，董事长都比总经理有绝对优势的观测值较少。

表4-4　董事长—总经理所有权权力差距的分布

POWER_OWN	观测值	占比（%）
0	2598	20.05
1	6664	51.42
2	3048	23.52
3	649	5.01
合计	12959	100

（二）专家权权力差距的指标构建

高管的专家权权力指的是高管解决复杂问题，应对不确定性环境的能力（Finkelstein，1992）。专家权权力的基础是丰富的经验以及专业的技能。具体而言，本书从任职年限、是否有高级职称以及学术背景来衡量董事长和总经理的专家权权力。

（1）任职年限。当高管在公司任期时间越长时，其对公司的业务流程更加熟练，可以及时解决公司面临的关键难题，而且可以形成自己的管理团队，个人威信越高，越不容易被替换，职位越稳固，其在公司的控制权更大（吕长江和赵宇恒，2008；权小锋等，2010；赵纯祥和张敦力，2013；周美华等，2016；张建君和张闫龙，2016）。任职年限指的是董事长和总经理在各自职位上工作的年数。表4-5统计了我国上市公司2009~2016年董事长和总经理任职年限的现状。其中，Panel A统计了董事长和总经理任职年限的数量和比例，统计结果显示，无论是董事长还是总经理，任职年限在1～5年的观测值最高，观测值分别为8739个和10200个，占比分别为67.44%和78.71%。进一步计算董事长—总经理任职年限权力差距，将董事长任职年数减去总经理任职年数，如果差值为正值，则认为董事长在该权力维度上更有优势，任职年限权力差距（POWER_TEN）取1；否则任职年限权力差距（POWER_TEN）取0。Panel B统计了董事长—总经理任职年限权力差距指标的分布。统计结果显示，任职年限权力差距（POWER_TEN）取1的观测值有5286个，占所有上市公司的40.79%，这表明，在任职年限指标上，有接近一半的上市公司董事长的任职年限长于总经理，即董事长比总经理具有更高的任职年限权力。

表4-5　上市公司董事长—总经理任职年限的现状统计

Panel A

	董事长		总经理	
	观测值	占比（%）	观测值	占比（%）
1～5年	8739	67.44	10200	78.71
6～10年	2998	23.13	2103	16.23
11～15年	982	7.58	579	4.47
15～20年	219	1.69	72	0.56
超过20年	21	0.16	5	0.04
合计	12959	100	12959	100

Panel B

POWER_TEN	数量	占比（%）
0	7673	59.21
1	5286	40.79
合计	12959	100

（2）高级职称。当高管具有高级职称时，其在专业领域里更有优势，更能解决专业问题，因此其对董事会的影响力也更强（权小锋等，2010；刘星等，2012；刘焱和姚海鑫，2014）。高级职称包括高级工程师、高级建筑师、高级会计师、高级经济师、高级国际商务师、注册会计师、注册资产评估师、律师、教授、副教授、研究员、副研究员和两院院士。表4-6统计了我国上市公司2009～2016年董事长和总经理是否有高级职称的现状。其中，Panel A统计了董事长和总经

理是否有高级职称的观测值数量和比例，统计结果显示，董事长有高级职称的观测值有 7665 个，占比 59.15%，总经理有高级职称的观测值有 6528 个，占比 50.37%，说明样本公司中，董事长具有高级职称的公司更多。进一步计算董事长—总经理高级职称权力差距，若董事长具有高级职称，总经理不具有高级职称，则认为董事长在该权力维度上有绝对优势，高级职称权力差距（POWER_PRO）取 1；否则高级职称权力差距（POWER_PRO）取 0。Panel B 统计了董事长—总经理高级职称权力差距指标的分布。统计结果显示，高级职称权力差距（POWER_PRO）取 1 的观测值有 2879 个，占比仅为 22.22%，这表明在是否具有高级职称这一指标上，仅有 22.22% 的观测值，董事长比总经理具有绝对优势，即董事长比总经理具有更高的高级职称权力。而在大多数上市公司中，董事长与总经理可能都具有高级职称或都不具有高级职称，或者总经理具有高级职称而董事长不具有高级职称。

表 4 - 6　上市公司董事长—总经理是否有高级职称的现状统计

Panel A

	董事长		总经理	
	观测值	占比（%）	观测值	占比（%）
有	7665	59.15	6528	50.37
无	5294	40.85	6431	49.63
合计	12959	100	12959	100

Panel B

POWER_PRO	观测值	占比（%）
0	10080	77.78
1	2879	22.22
合计	12959	100

（3）学术背景。当高管拥有学术背景时，高管可能对整个资本市场更加了解，具有更强的政策解读能力，对整个公司的经营运行拥有更加丰富的知识和了解，专业能力更强。因此当公司在进行投资、融资、经营等决策时，可以提出更为专业的意见，当公司遇到复杂问题时，可以提出更为专业的解决方案，那么其在公司的话语权也会更大，影响力更大。学术背景指的是在高校、科研机构或者

协会从事研究的经历。表4－7统计了我国上市公司2009～2016年董事长和总经理学术背景的现状。其中，Panel A统计了董事长和总经理学术背景数量和比例，统计结果显示，无论是董事长还是总经理，有学术背景的观测值占少数，占比分别为21.25%和11.25%。进一步计算董事长—总经理学术背景权力差距，若董事长具有学术背景，总经理不具有学术背景，则认为董事长在该权力维度上有绝对优势，学术背景权力差距（POWER_ACA）取1；否则学术背景权力差距（POWER_ACA）取0。Panel B统计了董事长—总经理学术背景权力差距指标的分布。统计结果显示，学术背景权力差距（POWER_ACA）取1的观测值有2062个，占所有观测值的15.91%，这表明，在学术背景指标上，董事长具有绝对优势的观测值较少，而大多数公司中董事长与总经理学术背景相同（都具有学术背景或者都不具有学术背景）或者总经理具有学术背景而董事长不具有。

表4－7 上市公司董事长—总经理学术背景的现状统计

Panel A

	董事长		总经理	
	观测值	占比（%）	观测值	占比（%）
有	2754	21.25	1458	11.25
无	10205	78.75	11501	88.75
合计	12959	100	12959	100

Panel B

POWER_ACA	观测值	占比（%）
0	10897	84.09
1	2062	15.91
合计	12959	100

本书构建了"任职年限、高级职称以及学术背景"三个权力差距哑变量（0/1）来衡量在专家权维度上，董事长的权力是否高于总经理，并将三个哑变量进行加总，构建董事长—总经理专家权权力差距（POWER_EXP）。表4－8列示了我国上市公司2009～2016年董事长—总经理专家权权力差距的分布。数据统计显示，在专家权权力维度上，董事长更有优势的观测值达到7552个，占比为58.28%。但是从具体分布来看，董事长—总经理专家权权力差距（POWER_EXP）

为 0 的观测值数量最多，达到 5407 个，占比 41.72%。而董事长—总经理专家权权力差距（POWER_EXP）为 3 的观测值只有 338 个，占比 2.61%，这表明在专家权权力三个指标中，董事长都比总经理有绝对优势的观测值较少。专家权权力差距分布的统计与所有权权力差距的分布表现出较大差异，专家权权力差距取 0 的观测值明显增多，占比达到 41.72%，这与现实情况相吻合，企业的总经理是企业日常经营管理的重要负责人，必须具备更为专业的能力，因此董事长在专家权维度上大于总经理的观测值占比有明显的下降。

表 4-8 董事长—总经理专家权权力差距的分布

POWER_EXP	观测值	占比（%）
0	5407	41.72
1	5215	40.24
2	1999	15.43
3	338	2.61
合计	12959	100

（三）声望权权力差距的指标构建

高管的社会资本是造成高管声望差异的根源。因此，本书从学历背景、兼任其他公司高管数量以及政治声望三个指标来衡量高管的声望权力。

（1）学历背景。受教育的过程也是集聚社会资本的过程。高学历人群中事业成功人士的比例相对较高，因此当高管拥有更高的学历时，其可以通过师长、同学、校友等结识更多的人脉，获得更多的外部有效信息、资源和支持，因此学历更高的人在企业中也更加具有威望和权威，对董事会决策的影响力也更大（权小锋等，2010；刘星等，2012；赵纯祥和张敦力，2013；刘焱和姚海鑫，2014；张建君和张闫龙，2016）。对高管的学历赋值，博士取 5，硕士取 4，本科取 3，大专取 2，高中或者中专取 1。表 4-9 统计了我国上市公司 2009～2016 年董事长和总经理学历背景的现状。其中，Panel A 统计了董事长和总经理不同学历的数量和占比，从统计结果可以看出，上市公司董事长和总经理是硕士学历的占比均最高，接近 50%，其次是本科和大专学历。本书进一步将董事长的学历得分减去总经理的学历得分，若结果为正值，则认为在该权力指标上，董事长更具有优势，学历背景权力差距（POWER_DEG）取1；若结果为0或者负值，则学历背景权力差距（POWER_DEG）取0。Panel B统计了董事长—总经理学历背景权力差距指标的分布。从统计结果可以看出，学历背景权力差距（POWER_DEG）取1的观测值为3842个，占到所有观测值的29.65%。这表明，在学历背景指标上，董事长比总经理更具有优势的观测值相对较少。

表4-9　上市公司董事长—总经理学历背景的现状统计

Panel A

	董事长		总经理	
	观测值	占比（%）	观测值	占比（%）
5	1186	9.15	959	7.40
4	6091	47.00	5947	45.89
3	3821	29.49	4562	35.20
2	1470	11.34	1266	9.77
1	391	3.02	225	1.74
合计	12959	100	12959	100

Panel B

POWER_DEG	观测值	占比（%）
0	9117	70.35
1	3842	29.65
合计	12959	100

（2）兼任董事。高管如果在多家企业任职，那么他可以通过观察和学习其他公司的战略来促进自己公司的发展（Haunschild，1993），这样的高管更容易获得战略信息，因此更加有胜任能力和声望，同时在公司中也更加受人尊敬，并且高管在其他公司兼任表明高管拥有更多的社会资本，而较多的社会资本可以在企业中掌握更多的决策权（石军伟等，2007）。因此，采用高管在其他公司兼任董事的数量可以衡量高管的声望权力（权小锋等，2010；董红晔和李小荣，2014；刘焱和姚海鑫，2014；张耀伟等，2015）。表4-10统计了我国上市公司2009～2016年董事长和总经理兼任其他公司董事的现状。其中，Panel A统计了董事长和总经理兼任其他公司董事的数量和占比，统计结果显示，董事长不兼任其他公

司董事以及兼任 1 个公司董事的观测值最多，分别为 4140 个和 3760 个，占比分别为 31.95% 和 29.01%。总经理不兼任其他公司董事的观测值最多，达到 7575 个，占比为 58.45%。可以看出，在兼任其他公司董事方面，董事长更具有优势，通过兼任其他公司董事，可以获得更多的资源以及威望。本书进一步将董事长兼任其他公司董事的数量减去总经理兼任其他公司董事的数量，若结果为正值，则认为在该权力指标上，董事长更具有优势，兼任董事权力差距（POWER_TCO）取 1；若结果为 0 或者负值，则兼任董事权力差距（POWER_TCO）取 0。Panel B 统计了董事长—总经理兼任董事权力差距指标的分布。统计结果显示，兼任董事权力差距（POWER_TCO）取 1 的观测值为 6223 个，占到所有观测值的 48.02%。这表明，在兼任其他公司董事指标上，将近一半的公司中，董事长比总经理兼任其他公司董事的数量更多，而在 51.98% 的公司中，董事长与总经理可能都不兼任、兼任数量相同或者总经理兼任其他公司董事的数量更多。

表 4 - 10　上市公司董事长—总经理兼任其他公司董事的现状统计

Panel A

	董事长		总经理	
	观测值	占比（%）	观测值	占比（%）
0	4140	31.95	7575	58.45
1	3760	29.01	2338	18.04
2	1536	11.85	1042	8.04
3	1007	7.77	634	4.89
4	634	4.89	417	3.22
5	441	3.40	274	2.11
6~10	1002	7.73	510	3.94
大于 10	439	3.39	169	1.30
合计	12959	100	12959	100

Panel B

POWER_TCO	观测值	占比（%）
0	6736	51.98
1	6223	48.02
合计	12959	100

（3）政治声望。在中国的制度背景下，如果高管具有政治背景（曾经或者现在在政府部门工作），那么他就更有能力处理与政府的关系，并且在企业中也更受到认可和尊敬，因此具有政治背景的高管其社会地位和声望权力更大（刘星等，2012；张耀伟等，2015；张建君和张闫龙，2016）。

表4－11统计了我国上市公司2009～2016年董事长和总经理政治声望的现状。其中，Panel A统计了董事长和总经理政治声望观测值的数量和占比，统计结果显示，董事长没有政治声望的观测值有8667个，占比66.88%，而总经理没有政治声望的观测值有11403个，占比87.99%。从Panel A中可以看出在上市公司中，董事长比总经理更可能具有政治背景。本书进一步将董事长政治声望得分减去总经理政治声望得分，若结果为正值，则认为在该权力指标上，董事长更具有优势，政治声望权力差距（POWER_POL）取1；若结果为0或者负值，则政治声望权力差距（POWER_POL）取0。Panel B统计了董事长—总经理政治声望权力差距指标的分布。统计结果显示，政治声望权力差距（POWER_POL）取1的观测值为3925个，占到所有观测值的30.29%。这表明，在政治声望指标上，有30.29%的上市公司，董事长比总经理具有更高的政治声望，而在69.71%的上市公司中，董事长与总经理可能都不具有政治背景、政治背景相似或者总经理具有更高的政治声望。

表4－11　上市公司董事长—总经理政治声望的现状统计

Panel A

	董事长		总经理	
	观测值	占比（%）	观测值	占比（%）
0	8667	66.88	11403	87.99
1	288	2.22	248	1.91
2	97	0.75	58	0.45
3	585	4.51	407	3.14
4	475	3.67	256	1.98
5	1202	9.28	348	2.69
6	290	2.24	62	0.48
7	1116	8.61	157	1.21

Panel A

	董事长		总经理	
	观测值	占比（%）	观测值	占比（%）
8	179	1.38	11	0.08
9	60	0.46	9	0.07
合计	12959	100	12959	100

Panel B

POWER_POL	观测值	占比（%）
0	9034	69.71
1	3925	30.29
合计	12959	100

　　本书构建了"学历背景、兼任董事的公司数量以及政治声望"三个权力差距虚拟变量（0/1）来衡量在权力维度—声望权维度上，董事长的权力是否高于总经理，并将三个虚拟变量进行加总，构建董事长—总经理声望权权力差距（POWER_PRE）。表4-12列示了我国上市公司2009~2016年董事长—总经理声望权权力差距的分布。数据统计显示，在声望权权力维度上，董事长更有优势的观测值达到9466个，占比为73.05%。其中董事长与总经理声望权权力差距（POWER_PRE）为1的观测值数量最多，达到5624个，占比43.40%，这表明在声望权权力三个指标中，董事长比总经理在一个指标上更有优势的观测值占比最多。而董事长与总经理声望权差距（POWER_PRE）为3的观测值只有679个，占比5.24%，这表明在声望权权力三个指标中，董事长都比总经理更有优势的观测值较少。

表4-12　董事长—总经理声望权权力差距的分布

POWER_PRE	观测值	占比（%）
0	3492	26.95
1	5624	43.40
2	3164	24.42
3	679	5.24
合计	12959	100

(四) 权力差距综合指标的构建

从上市公司董事长和总经理所有权、专家权和声望权三个维度的统计结果可以看出，在每个维度中，董事长比总经理至少在一个指标上拥有绝对优势的观测值占比分别为：所有权维度 79.95%、专家权维度 58.28%、声望权维度 73.05%。这个结果表明，在三个维度中，董事长比总经理权力更大，更有优势的依次是所有权、声望权和专家权。其中优势最为明显的是所有权，而对于专家权维度，仅有不到 60% 的观测值，董事长在至少一个指标上具有绝对优势，而在将近 40% 的样本中，董事长在三个指标上均不具有优势。

以上三个维度从不同侧面反映了董事长和总经理的权力大小，但是每个维度都有一定的局限性，且不够全面。因此，为了度量董事长和总经理的综合权力差距，本书借鉴权小锋等 (2010) 的方法，将上述三个维度、九个具体指标合成董事长—总经理权力差距综合指标，指标的合成采用两种方法：①对上述三个维度的九个指标（哑变量）赋予相同的权重，直接相加得到综合指标 1 (POWER_SUM)，取值范围为 0~9 分。②分别计算董事长和总经理在上述九个指标的得分差值（连续变量），进行标准化处理，避免量纲的影响，然后将九个指标进行主成分分析，赋予各指标不同的权重，合成综合指标 2 (POWER_PCA)。表 4-13 列示了董事长—总经理权力差距综合指标 1 (POWER_SUM) 的得分分布。董事长—总经理权力差距综合指标 1 的数值越大，表明董事长与总经理权力差距越大；而数值越小，则表明董事长与总经理的权力差距越小。数据统计结果显示，我国上市公司 2009~2016 年董事长—总经理权力差距得分为 2 和 3 的观测值最多，分别为 2793 个和 3030 个，占比分别为 21.55% 和 23.38%，即在九个权力指标中，上市公司董事长比总经理在 2~3 个指标上具有绝对优势的样本最多。而在九个权力指标中，上市公司董事长比总经理都具有优势的观测值为 3，上市公司董事长比总经理都不具有优势的观测值为 586，占总样本的比例为 4.52%，即有 4.52% 的上市公司董事长在任何一个指标上都不具有绝对优势。表 4-13 的统计结果表明董事长与总经理存在权力差距，权力差距的最大值为 9，最小值为 0，均值和中位数为 3。

表 4 – 13　董事长—总经理权力差距综合指标 1 的分布

POWER_SUM	观测值	占比（%）
0	586	4.52
1	1896	14.63
2	2793	21.55
3	3030	23.38
4	2320	17.90
5	1357	10.47
6	639	4.93
7	254	1.96
8	81	0.63
9	3	0.02
合计	12959	100

四、本章小结

在组织中，高管权力可以分为结构性权力、所有权权力、专家权力和声望权力（Finkelstein，1992）。高管结构性权力的基础是高管在组织中的职位。在所有"两职分离"的上市公司中，董事长与总经理的结构性权力基本固定，并且在不同的公司中不存在显著差异。但是，董事长与总经理之间的实际权力差距还会受到除结构性权力之外的其他权力维度的影响，如所有权、专家权和声望权。因此，在不同的公司中，董事长与总经理之间权力差距就会存在差异。鉴于此，本章主要从高管权力的三个维度，即所有权、专家权和声望权对董事长以及总经理的个人权力特征进行统计和分析，每个权力维度又分别选取三个具体的度量指标进行刻画。最后，本章构建了董事长—总经理权力差距的综合指标和分指标，从而形成了多维度多层次的指标构建体系。

本章的分维度统计数据表明，董事长和总经理在所有权和声望权维度上存在较大的权力差距，而在专家权维度上的权力差距最小。此外，本章还对董事长—总经理权力差距综合指标1进行了统计，权力差距得分为2和3的公司占比最多，这表明在上市公司中董事长在两三个权力指标上比总经理具有优势的公司占比最高。本章内容力求使读者对我国上市公司董事长和总经理的权力特征以及现状形成初步、整体的认识。

第五章　董事长—总经理权力差距与融资行为研究

一、引言

融资作为企业生产经营的基础，决定了企业是否能够得以生存和顺利发展，是企业其他活动的前提。企业的融资方式可以分为内部融资和外部融资。内部融资通常来自企业自有资金和留存利润，而外部融资又可以分为金融机构贷款、股权融资、债券融资、商业信用等。对于资本市场并不发达的新兴国家而言，债务融资是企业获取外部资金最重要的方式。据《中国统计年鉴2017》数据统计，中国2017年全年社会融资规模达到19.44万亿元，其中，约有71.19%的融资为银行贷款融资，约有2.27%的融资为企业债券融资，约有22.04%的融资为信托贷款等融资，而境内股票融资只有8759亿元，占比约为4.5%。可见，对于我国的企业而言，债务资金是企业最主要的外部资金，对企业具有非常重要的作用。

正是由于债务融资是我国企业最为重要的融资方式，因此债务融资问题也是企业以及研究学者最为关心的话题。债务融资的研究主要关注融资规模以及融资成本。根据信息不对称理论和委托代理理论，企业中股东与经理之间的利益冲突以及债权人和股东之间的利益冲突会影响企业的债务融资行为。①股东—经理人的代理冲突。在经营权和所有权分离的情况下，股东拥有剩余收益所有权，而经理人的收入仅仅是股东总收入的一部分，因此经理人的目标与股东利益最大化目标相背离，经理人更加关注他们自己所能控制的资源和利益，表现在当公司需要进行融资时，经理人可能出现"偷懒"，努力工作的程度偏低，不愿进行债务融资等行为。另外，由于代理问题的存在，经理人可能会将企业的自由现金流投资到不能给股东带来利润的项目上，或者进行挥霍以及在职消费等。因此，债务融资可以约束经理人的挥霍行为，若经理人浪费自由现金流的话，公司就有破产的可能，经理人也会失去工作。因此，股东和经理人之间的代理问题会影响企业的融资决策。②股东—债权人的代理冲突。由于公司与债权人之间存在信息不对称，并且在债务契约履行中存在道德风险和逆向选择，公司有动机通过资产置换（投资高风险项目）或者债务悬置（放弃可以带来净现值的好项目）等方式损害债权人的利益而追求个人私利。因此，为降低债务风险，债权人在签订债务契约时，不仅会考虑企业的盈利能力和还款能力，而且还会关注企业的内部治理水平以及企业的财务报告质量。当企业内部治理水平较低、财务报告质量较差时，债权人可能会减少融资额度，并且要求更高的风险溢价弥补风险（Jensen and Meckling，1976）。改善公司内部治理、提高企业财务报告质量、降低企业经营和偿债风险是扩大企业融资规模以及降低企业融资成本的重要途径。在上市公司中，董事长和总经理之间的权力差距会影响团队的有效性，如决策效率和治理效率，因此也会影响企业的债务融资行为。

基于上述分析，本章以 2009～2016 年为研究区间，以"两职分离"的上市公司为研究对象，探讨了董事长和总经理之间的权力差距与企业债务融资行为之间的关系，并从内部控制质量、外部治理环境以及行业竞争程度三个方面进一步考察了上述逻辑关系。本章的结构安排如下：①在相关理论基础上提出本章的研究假设；②构建本章研究的模型以及对相关变量进行定义；③本章对研究假设进行实证检验，包括描述性统计、单变量分析和多元回归分析；④本章对研究模型采取替换关键变量、模型变换以及工具变量法进行稳健性检验，进一步验证研究结论的稳健性；⑤总结归纳本章得出的结论。

二、理论分析与假设提出

由于股权融资需要达到较为严格的标准，因此在企业股权融资受到限制的情况下，债务融资是企业获取外部资金的重要渠道。债务融资的规模和成本体现了企业的风险特征以及内部治理水平，企业内部治理水平越好，债务风险越低，则越可能获得更高的债务融资规模以及更低的债务融资成本。稳定和谐的领导团队和互动可以降低企业内部的信息不对称，保障企业决策高效以及治理有效，对于降低企业债务风险以及提高企业债务融资能力具有重要的作用。

从公司治理理论来讲，董事长是董事会和股东的代表，也是企业的"一把手"，总经理是经理层的代表，企业执行层面的最高领导者，相当于企业的"二把手"，董事长和总经理两者对企业的重大决策具有决定性作用，因此董事长和总经理应该形成和谐稳定、相互配合的工作关系，从而促使企业做出科学、高效以及高质量的决策。然而，在现实执行中，董事长与总经理却经常发生地位冲突，无法形成良好的互动，导致企业决策过程缓慢，决策难以制定，并且执行效率较低，公司治理混乱。企业高管之间的互动会影响整个团队的运作过程以及效率（李端生和周虹，2017），良好的互动是企业决策高效的重要保障。Tsui 和O'Reilly（1989）最早开始研究不同职位层级的管理者之间的差异对高管互动以及管理行为的影响，他们定义上下级所形成的关系为"垂直对"，从而开创了垂直对特征差异的研究。高管垂直对的已有研究发现当企业高管垂直对之间的特征符合社会规范时，高管之间可以形成良好的互动，进而产生积极的效果。例如，Tsui 和 O'Reilly（1989）发现，当下属受教育程度以及任期时间低于上司时，下属更容易受到上级的喜欢，并且也可能对上司更加忠诚。基于 Tsui 和 O'Reilly（1989）的研究，张龙和刘洪（2009）发现，当上下级之间的特征差异符合我国社会规范时，如上级更年长、任期时间更长以及受教育程度更高时，上下级之间能够更好地分享组织关键资源，对于上级来说，下属不会对其职位、权力和利益产生明显威胁，对于下属来说，上级也可以给予更多的辅导，因此，上下级之间的这种差异改善了高管之间的互动，进而降低了高管离职率。李端生和周虹（2017）的研究发现，当高管垂直对之间的差异符合社会规范时，可以提高企业内部控制质量。何威风（2015）发现，当高管垂直对之间的差异符合社会规范时，可以抑制管理者的盈余管理行为。

董事长和总经理构成了我国上市公司领导团队中典型的"垂直对"，而董事长和总经理之间的互动对于整个高管团队的运作和效率都具有非常重要的影响，并且由于我国是一个典型的高权力距离社会，具有非常浓厚的威权主义文化，因此在这种文化影响下，高管成员之间的互动更易受到权力的影响。而在我国的企业中，上下级之间存在一定的权力差距是符合社会规范的，"一把手"必须在正式以及非正式权力维度上优于企业的其他团队成员，尤其是"二把手"，才可以保持企业领导团队的秩序和稳定（张建君和张闫龙，2016），进而改善团队决策和执行的效率。具体来说，本书认为，董事长和总经理之间的权力差距可以从以下两个方面对企业的债务融资行为产生影响：

第一，董事长和总经理之间的权力差距可以维持稳定的团队秩序和良好的工作氛围，提升企业的内部控制质量，进而提高企业的融资效率。董事长对企业的内部控制质量负有最终责任，并且对内部控制各项风险管控要求更为严格（李端生和周虹，2017）。根据社会规范理论，当董事长和总经理之间形成一定的权力差距时，符合我国的社会规范，上下级之间可以形成稳定的秩序，领导团队内部地位冲突减少，而良好的团队合作氛围可以为内部控制的健全提供更好的工作环境，并且对于董事长的内部控制决策执行力度更高，最终有利于提升企业的内部控制质量（李端生和周虹，2017）。较高的内部控制质量不仅可以提高企业的财务报告质量，降低债权人与企业之间的信息不对称，而且可以提高企业的经营效率和业绩，降低债务风险（陈汉文和周中胜，2014），最终有利于企业获得更大的融资规模以及更低的融资成本。

第二，董事长和总经理之间的权力差距可以改善公司治理水平，降低债务风险，进而提高企业的融资效率。首先，由于债权人和股东之间存在信息不对称和代理问题，债权人在签订债务契约时，会考虑企业的内部治理水平。如果企业内部治理水平较差，企业未来经营的不确定性更大，债务风险就会越高，那么债权人会降低借贷额度以及提高债务融资成本作为风险补偿。如果企业内部治理水平较高，那么则有利于企业获取更多的融资额度以及更低的融资成本。因此，内部治理水平是影响企业债务融资的重要因素。董事长和总经理之间的权力差距可以形成明确的组织等级，企业内部分工明确（Halevy et al.，2011），这可以有效提高成员之间的沟通和工作效率（Anderson and Brown，2010），不会造成两者之间的分工混乱以及过多的干涉，可以有效避免总经理凌驾于董事长之上，这些都有利于改善企业的内部治理水平。其次，由于企业存在股东与经理人之间的代理问题，经理人具有道德风险和逆向选择问题，表现为"偷懒"和浪费企业自由现金流，这会导致经理人不愿去进行债务融资。董事长与总经理之间存在权力差距，一方面，"一把手"在企业具有足够的权威，可以形成有效的监督；另一方面，权力等级明确时领导可以给予下属更高的考核评分，下属也更加忠诚和努力（Anderson and Brown，2010），可以形成有效的激励，这有利于降低经理人的"偷懒"行为以及利用自由现金流在职消费等自利行为。综上所述，董事长和总经理之间形成一定的权力差距，可以维持团队的秩序，减少内部冲突，促进信息共享，从而提高企业的决策效率以及发挥更有效的监督激励作用，最终降低企业的债务风险，提高企业的债务融资能力，帮助企业获得更多的融资额度以及更低的融资成本。根据以上分析，本章提出以下研究假设 5 – 1：

假设 5 – 1：董事长—总经理权力差距越大，企业债务融资规模越大并且债务融资成本越低。

研究假设 5 – 1 的分析表明董事长—总经理权力差距可以维持团队秩序、促进内部沟通和协调，从而提高团队有效性，改善公司内部治理，进而扩大企业的债务融资规模并且降低债务融资成本。在研究假设 5 – 1 的基础上，本章将从企业的内外部因素，包括内部控制质量、外部治理环境以及行业竞争程度三个方面进一步考察上述逻辑关系。

良好的内部控制可以缓解企业与债权人的信息不对称，减少债务契约中的代理问题，并且减少企业的违法行为，从而提高企业的经营效率和效果，最终可以降低银行的债务风险（陈汉文和周中胜，2014）。而当企业的内部控制质量较差时，企业可能面临更为严重的代理问题，债权人与企业存在较为严重的信息不对称，从而更易造成在债务契约履行中的逆向选择和道德风险，因此企业的代理冲突和代理成本更为严重。因此，在内部控制质量较差的公司，董事长—总经理权力差距可以加大内部控制决策执行力度，降低债权人与企业之间的信息不对称和债务风险，最终有利于企业获得更高的融资规模以及更低的融资成本。因此，本章提出研究假设 5 – 2。

假设 5 – 2：董事长—总经理权力差距与债务融资的关系在内部控制质量较差的企业更为明显。

我国幅员辽阔，各个地区发展不平衡，造成各个地区外部治理环境存在很大差异，已有研究发现，外部治理环境可以发挥有效的公司治理效应，例如，降低企业盈余管理水平，提高企业投资效率（李延喜等，2012，2013）。在外部治理环境较好的地区，企业外部监督效率较高，可以更好地约束和监督经理人的自利行为，外部环境的改善可以提升公司的治理水平，公司的代理成本更低（袁知柱等，2017），此时，董事长—总经理权力差距难以发挥治理作用。反之，在外部环境较差的公司中，外部环境难以发挥有效的监督治理作用，企业的代理成本较高，此时，若董事长—总经理权力差距可以保障企业领导团队的稳定和谐，改善公司决策制定和执行的有效性并且提高公司的治理水平，那么债权人与企业在签订债务契约时更可能给予企业更高的债务规模以及更低的债务成本。因此，本章提出研究假设5-3。

假设5-3：董事长—总经理权力差距与债务融资的关系在外部治理环境较差的企业更明显。

近几年我国经济增速放缓，供给侧结构性改革的推进给不同的行业带来了较大差异的影响。因此，对于我国企业的经营环境而言，行业竞争程度至关重要。从行业竞争程度来说，如果某一行业竞争较为激烈，一方面，企业面临的竞争压力也会越大，企业的未来业绩不可持续的概率也会越大，那么企业债务偿还的能力存在很大的不确定性，债权人在签订债务契约时会更在意企业的决策效率、内部治理以及偿债风险和能力。另一方面，当企业所处的行业竞争比较激烈时，债务融资市场属于卖方市场，债权人有更大的自主权，债权人可以根据企业的情况决定具体的债务契约条款。此时，若董事长和总经理之间存在一定的权力差距，可以提高团队有效性以及公司内部控制质量和治理水平，那么在签订债务契约时债权人更可能给予企业更大的债务规模以及更低的债务成本，企业的债务融资优势更大。因此，本章预期在行业竞争程度较高的企业，董事长—总经理权力差距对债务融资的影响更明显。基于此，本章提出研究假设5-4。

假设5-4：董事长—总经理权力差距与债务融资的关系在行业竞争程度较高的企业更明显。

三、研究设计

（一）样本选取

表5－1列示了本章的样本选取过程。本章以沪深两市 A 股上市公司为研究样本，以 2009～2016 年作为样本区间检验上市公司董事长—总经理权力差距对上市公司债务融资行为的影响，本章共获得 19518 个观测值。本章首先对样本公司进行了以下筛选：①本章旨在考察企业的最高领导者董事长和总经理之间的权力差距的影响，因此本章的样本剔除了董事长和总经理由同一人担任的观测值 4889 个；②董事长和总经理的个人数据来自国泰安数据库，并且通过万德数据库、瑞思数据库、利用网络爬虫技术以及手工搜集对个人缺失数据进行补充，仍有 1670 个观测值存在数据缺失，将其剔除；③剔除金融行业上市公司观测值 310 个；④剔除 2834 个当年 ST 或者 * ST 以及其他控制变量数据缺失的观测值。最终获得 9815 个公司—年度观测值，作为本章的样本进行研究。

本章的机构投资者数据来自万德（Wind）数据库，其他数据均来自国泰安（CSMAR）数据库。为了控制异常值的影响，本章对所有连续变量按 1% 的标准进行了缩尾处理。

表5－1 样本选取过程

选取过程	观测值
上市公司总观测值	19518
剔除："两职合一"的观测值	4889
剔除：董事长和总经理个人数据缺失的观测值	1670
剔除：金融行业的观测值	310
剔除：* ST 和 ST 数据以及其他变量数据缺失的观测值	2834
本章的样本数	9815

（二）变量定义

1. 被解释变量

（1）债务融资规模（DEBT_SIZE）。

参考汪辉（2003）以及王营和曹廷求（2014）的研究，定义债务融资规模 DEBT_SIZE =（年末债务融资额－年初债务融资额）/年末总资产。债务融资包括银行借款和应付债券。

（2）债务融资成本（DEBT_COST）。

参考王运通和姜付秀（2017）的研究，定义债务融资成本 DEBT_COST = 利息支出/债务融资额。债务融资包括银行借款和应付债券。

2. 解释变量

董事长—总经理权力差距（POWER）分别采用权力差距综合指标1（POWER_SUM）和权力差距综合指标2（POWER_PCA）度量（变量的详细定义见第四章）。

3. 控制变量

除此之外，本章借鉴陈汉文和周中胜（2014）、潘越等（2013）的研究，控制了实证研究中常见的影响企业债务融资行为的财务因素，包括企业的规模（SIZE）、资产负债率（LEV）、成长性（GROWTH）、盈利能力（ROA）、固定资产比例（TAN），并且本章还控制了企业的治理特征，包括董事会规模（BOARD-SIZE）、第一大股东持股比例（CR1）、机构投资者持股比例（INST_HOLD）以及CEO 的结构性权力（CEOMTB，总经理是否为董事会成员）。除此之外，本章还控制了年度和行业固定效应。本章的变量定义如表5－2所示。

表5－2 变量定义

	变量名称	变量符号	定义
被解释变量	债务融资规模	DEBT_SIZE	（年末债务融资额－年初债务融资额）/年末总资产
	债务融资成本	DEBT_COST	利息支出/债务融资额

续表

变量名称	变量符号	定义
权力差距综合指标1	POWER_SUM	将上述九个权力差距哑变量直接加总，获得权力差距综合指标1
权力差距综合指标2	POWER_PCA	将上述九个权力差距得分差值，标准化处理后进行主成分分析，取第一主成分作为权力差距综合指标2
所有权权力差距	POWER_OWN	创始人、持股比例、来自股东单位
专家权权力差距	POWER_EXP	任职年限、高级职称、学术背景
声望权权力差距	POWER_PRE	学历背景、兼任董事数目、政治声望
持股比例权力差距	POWER_SHA	哑变量，若董事长持股数量超过总经理，则取1，否则为0
创始人权力差距	POWER_FOU	哑变量，若董事长是创始人，总经理不是创始人，则取1，否则为0
股东单位权力差距	POWER_ISC	哑变量，若董事长在股东单位任职，总经理不在股东单位任职，或者董事长和总经理均在股东单位任职但是董事长职位高于总经理，则取1，否则为0
任职年限权力差距	POWER_TEN	哑变量，若董事长任职年限超过总经理，则取1，否则为0
高级职称权力差距	POWER_PRO	哑变量，若董事长有高级职称，总经理没有高级职称，则取1，否则为0
学术背景权力差距	POWER_ACA	哑变量，若董事长有学术背景，总经理没有学术背景，则取1，否则为0
学历背景权力差距	POWER_DEG	哑变量，若董事长学历高于总经理，则取1，否则为0
兼任董事权力差距	POWER_TCO	哑变量，若董事长兼任其他公司董事数量超过总经理，则取1，否则为0
政治声望权力差距	POWER_POL	哑变量，若董事长的政治声望高于总经理，则取1，否则为0
企业规模	SIZE	公司总资产的自然对数
资产负债率	LEV	总负债除以总资产
盈利能力	ROA	息税前利润除以总资产
成长性	GROWTH	营业收入增长率

解释变量（左侧跨行标签，对应 POWER_SUM 至 POWER_POL 各行）

控制变量（左侧跨行标签，对应 SIZE、LEV、ROA、GROWTH 各行）

	变量名称	变量符号	定义
	固定资产比例	TAN	固定资产净额除以总资产
	董事会规模	BOARDSIZE	董事会人数的自然对数
控制变量	第一大股东持股比例	CR1	第一大股东持股比例
	机构投资者持股比例	INST_HOLD	机构投资者持股比例
	总经理是否兼任董事	CEOMTB	总经理同时兼任内部董事，则为1，否则为0

（三）研究模型

为了检验本章的研究假设，设置了模型（5-1）。模型（5-1）的被解释变量分别是债务融资规模（DEBT_SIZE）和债务融资成本（DEBT_COST），模型中的解释变量为董事长—总经理权力差距，采用权力差距综合指标1（POWER_SUM）和权力差距综合指标2（POWER_PCA）度量。模型中还控制了行业和年度固定效应。

$$DEBT\_SIZE(DEBT\_COST) = \beta_0 + \beta_1 POWER + Controls + \varepsilon \qquad (5-1)$$

（四）描述性统计

表5-3是本章主要变量的描述性统计。企业债务融资规模（DEBT_SIZE）的平均值为0.02，说明上市公司当年新增债务融资额占到总资产的2%。债务融资成本（DEBT_COST）的均值为0.07，这表明上市公司的债务融资成本率为7%，但是最大值达到75%，最小值为0，说明不同企业债务融资成本差异较大，该统计结果与以往研究数据大致相似。权力差距综合指标1（POWER_SUM）的均值为3.07，这表明平均有3个权力指标上董事长比总经理具有绝对权力优势。从所有权权力差距（POWER_OWN）、专家权权力差距（POWER_EXP）和声望权权力差距（POWER_PRE）这三个维度来看，均值分别为1.16、0.83、1.08，这表明样本公司中董事长与总经理的所有权权力差距最大，声望权权力差距次之，专家权权力的差距最小，该统计结果与现实状况相符。从九个权力差距具体指标的均值可以看出，是否在股东单位任职（POWER_ISC）、任职年限（POWER_TEN）以及兼任其他公司董事的数目（POWER_TCO）这三个指标的均值最高，

这说明有超过40%的样本公司中，在该三项权力指标上，董事长相比于总经理具有绝对优势。学术背景（POWER_ACA）的均值最低（0.16），表明只有16%的样本公司中董事长具有更强的学术背景。从描述性统计的结果可以看出模型中所有变量均不存在严重的极端值问题。

表5-3　描述性统计

变量	观测值	均值	中位数	标准差	最小值	最大值
DEBT_SIZE	9815	0.02	0.01	0.09	-0.24	0.28
DEBT_COST	9815	0.07	0.05	0.09	0.00	0.75
POWER_SUM	9815	3.07	3.00	1.66	0.00	9.00
POWER_PCA	9815	0.04	-0.26	1.37	-5.77	11.10
POWER_OWN	9815	1.16	1.00	0.79	0.00	3.00
POWER_EXP	9815	0.83	1.00	0.80	0.00	3.00
POWER_PRE	9815	1.08	1.00	0.85	0.00	3.00
POWER_SHA	9815	0.35	0.00	0.48	0.00	1.00
POWER_FOU	9815	0.23	0.00	0.42	0.00	1.00
POWER_ISC	9815	0.59	1.00	0.49	0.00	1.00
POWER_TEN	9815	0.44	0.00	0.50	0.00	1.00
POWER_PRO	9815	0.23	0.00	0.42	0.00	1.00
POWER_ACA	9815	0.16	0.00	0.36	0.00	1.00
POWER_DEG	9815	0.30	0.00	0.46	0.00	1.00
POWER_TCO	9815	0.49	0.00	0.50	0.00	1.00
POWER_POL	9815	0.30	0.00	0.46	0.00	1.00
SIZE	9815	22.29	22.11	1.30	19.67	26.22
LEV	9815	0.50	0.50	0.20	0.10	0.97
GROWTH	9815	0.20	0.10	0.54	-0.55	3.81
ROA	9815	0.04	0.03	0.05	-0.17	0.19
TAN	9815	0.25	0.21	0.18	0.00	0.74
BOARDSIZE	9815	2.18	2.20	0.20	1.61	2.71
CR1	9815	0.36	0.34	0.16	0.09	0.76
INST_HOLD	9815	0.42	0.43	0.23	0.01	0.89
CEOMTB	9815	0.90	1.00	0.31	0.00	1.00

（五）相关性检验

表 5 - 4 是本章主要变量的相关性检验结果，由于变量较多，因此，只列示了被解释变量以及主要解释变量之间的相关性。未列示相关性系数均较低的交易，不存在严重的多重共线性。从表 5 - 4 可以看出，权力差距综合指标 1（POWER_SUM）、权力差距综合指标 2（POWER_PCA）、所有权权力差距（POWER_OWN）、专家权权力差距（POWER_EXP）和声望权权力差距（POWER_PRE）均与上市公司债务融资规模（DEBT_SIZE）存在显著正相关的关系，与债务融资成本（DEBT_COST）存在显著负相关关系。这表明无论是从三个维度还是综合指标来看，当董事长与总经理存在权力差距时，企业的债务融资规模更大，债务融资成本更低，这与本章假设 5 - 1 的预期相一致。

表 5 - 4   主要变量相关性检验

	DEBT_SIZE	DEBT_COST	POWER_SUM	POWER_PCA	POWER_OWN	POWER_EXP	POWER_PRE
DEBT_SIZE	—	- 0. 440 ***	0. 058 ***	0. 049 ***	0. 054 ***	0. 024 ***	0. 037 ***
DEBT_COST	- 0. 259 ***	—	- 0. 025 **	- 0. 024 ***	- 0. 023 ***	- 0. 009	- 0. 019 *
POWER_SUM	0. 046 ***	- 0. 039 ***	—	0. 650 ***	0. 725 ***	0. 662 ***	0. 638 ***
POWER_PCA	0. 036 ***	- 0. 026 ***	0. 653 ***	—	0. 502 ***	0. 714 ***	0. 149 ***
POWER_OWN	0. 041 ***	- 0. 033 ***	0. 726 ***	0. 553 ***	—	0. 322 ***	0. 195 ***
POWER_EXP	0. 019 ***	- 0. 020 ***	0. 683 ***	0. 672 ***	0. 336 ***	—	0. 092 ***
POWER_PRE	0. 034 ***	- 0. 026 ***	0. 645 ***	0. 139 ***	0. 194 ***	0. 099 ***	—

注：矩阵下方为 Pearson 检验，上方为 Spearman 检验。 *** 、 ** 和 * 分别表示相关系数在 1% 、 5% 和 10% 水平下显著（双尾）。

（六）单变量检验

表 5 - 5 列示了权力差距与上市公司债务融资规模（DEBT_SIZE）和债务融资成本（DEBT_COST）的单变量检验结果。首先，我们根据权力差距指标（POWER_SUM/POWER_PCA）按照中位数分为两组，即权力差距较大组和权力差距较小组，两种权力差距指标的均值检验结果相同，因此表 5 - 5 仅列示

出权力差距综合指标 1 （POWER_SUM） 的单变量检验结果。从债务融资规模
（DEBT_SIZE） 来看，权力差距较大组的债务融资规模的均值为 0.025，而权力
差距较小组的债务融资规模的均值为 0.017，差值为 0.008，并且在 1% 水平上显
著。从债务融资成本（DEBT_COST） 来看，权力差距较大组的债务融资成本的
均值为 0.067，而权力差距较小组的债务融资成本的均值为 0.072，差值为
−0.005，并且在 1% 水平上显著。单变量检验的结果与本章的研究假设 5 − 1 的
预期一致。

表 5 − 5　权力差距与债务融资的单变量检验

变量	权力差距较大组	权力差距较小组	差值	T 值
DEBT_SIZE	0.025	0.017	0.008 ***	4.26
DEBT_COST	0.067	0.072	− 0.005 ***	− 2.74

注：*** 、** 和 * 分别表示在 1% 、5% 和 10% 水平下显著（双尾）。

四、实证分析

在对本章的研究假设进行了初步的相关性分析以及单变量检验后，本章接下
来对权力差距与债务融资规模和债务融资成本的关系进行了多元回归分析。

（一）权力差距与债务融资行为的检验

本章对假设 5 − 1 上市公司董事长—总经理权力差距与债务融资行为进行了检验，
检验结果列示在表 5 − 6。第（1） ~ （2）列是以债务融资规模（DEBT_SIZE）为
被解释变量，第（3）~ （4）列是以债务融资成本（DEBT_COST）为被解释变
量。在债务融资规模模型中，权力差距的回归系数均为正，且在 1% 水平显著；
在债务融资成本模型中，权力差距的回归系数均为负，且在 1% 水平显著。这表
明，随着董事长—总经理权力差距的增大，上市公司债务融资规模越大，并且债
务融资成本越小，研究假设 5 − 1 得到了证实。

表 5 - 6　权力差距与企业债务融资的实证检验

变量	DEBT_SIZE		DEBT_COST	
	（1）	（2）	（3）	（4）
POWER_SUM	0.002 ***	—	− 0.002 ***	—
	（4.47）		（− 3.01）	
POWER_PCA	—	0.003 ***	—	− 0.002 ***
		（4.22）		（− 3.23）
SIZE	0.006 ***	0.006 ***	− 0.010 ***	− 0.010 ***
	（5.86）	（5.85）	（− 6.85）	（− 6.90）
LEV	0.058 ***	0.059 ***	− 0.015	− 0.015
	（8.40）	（8.49）	（− 1.31）	（− 1.33）
GROWTH	0.029 ***	0.029 ***	− 0.002	− 0.002
	（12.26）	（12.25）	（− 1.09）	（− 1.07）
ROA	0.023	0.023	− 0.005	− 0.005
	（1.06）	（1.04）	（− 0.13）	（− 0.12）
TAN	− 0.060 ***	− 0.060 ***	− 0.004	− 0.004
	（− 9.52）	（− 9.50）	（− 0.46）	（− 0.47）
BOARDSIZE	− 0.001	− 0.000	0.005	0.005
	（− 0.13）	（− 0.05）	（0.95）	（0.88）
CR1	0.013 **	0.014 **	0.002	0.002
	（2.22）	（2.33）	（0.28）	（0.23）
INST_HOLD	− 0.016 ***	− 0.014 ***	0.003	0.002
	（− 3.50）	（− 3.23）	（0.54）	（0.38）
CEOMTB	− 0.001	− 0.001	0.000	0.000
	（− 0.29）	（− 0.24）	（0.09）	（0.09）
Year fixed effects	Yes	Yes	Yes	Yes
Ind fixed effects	Yes	Yes	Yes	Yes
Cluster	Yes	Yes	Yes	Yes
N	9815	9815	9815	9815
Adj. R^2	0.086	0.086	0.032	0.032

注：***、**和*分别表示在1%、5%和10%水平下显著（双尾）。

（二）权力差距、内部控制质量与债务融资的检验

为检验研究假设 5 - 2，董事长——总经理权力差距对企业债务融资行为的影

响在不同内部控制质量的企业中是否存在差异，本章选取迪博中国上市公司内部控制指数作为衡量企业内部控制质量的指标。根据内部控制指数，将所有观测值分为内部控制较好和内部控制较差两组样本，分别检验权力差距对债务融资规模和融资成本的影响，检验结果如表 5-7 和表 5-8 所示。

表 5-7 权力差距与企业债务融资规模——内部控制质量

变量	DEBT_SIZE			
	内部控制质量好	内部控制质量差	内部控制质量好	内部控制质量差
POWER_SUM	0.001	0.002 ***	—	—
	(1.32)	(2.60)		
POWER_PCA	—	—	0.001	0.002 ***
			(1.35)	(2.09)
SIZE	0.002 *	0.011 ***	0.002 *	0.011 ***
	(1.81)	(7.46)	(1.77)	(7.44)
LEV	0.098 ***	0.038 ***	0.098 ***	0.038 ***
	(9.93)	(4.33)	(9.96)	(4.37)
GROWTH	0.029 ***	0.027 ***	0.028 ***	0.027 ***
	(8.84)	(8.60)	(8.84)	(8.59)
ROA	0.050	-0.013	0.049	-0.013
	(1.46)	(-0.44)	(1.44)	(-0.42)
TAN	-0.037 ***	-0.076 ***	-0.037 ***	-0.076 ***
	(-4.51)	(-7.97)	(-4.51)	(-7.97)
CR1	0.003	0.003	0.003	0.004
	(0.50)	(0.55)	(0.52)	(0.57)
INST_HOLD	0.027 ***	0.010	0.027 ***	0.009
	(3.23)	(1.03)	(3.29)	(1.00)
CEOMTB	-0.019 ***	-0.003	-0.019 ***	-0.002
	(-3.13)	(-0.51)	(-3.10)	(-0.30)
Year fixed effects	Yes	Yes	Yes	Yes
Ind fixed effects	Yes	Yes	Yes	Yes
Cluster	Yes	Yes	Yes	Yes
N	4870	4945	4870	4945
Adj. R^2	0.101	0.087	0.101	0.086

注：***、** 和 * 分别表示在 1%、5% 和 10% 水平下显著（双尾）。

表5-8 权力差距与企业债务融资成本——内部控制质量

变量	DEBT_COST			
	内部控制质量好	内部控制质量差	内部控制质量好	内部控制质量差
POWER_SUM	-0.001	-0.002***	—	—
	(-0.96)	(-2.48)		
POWER_PCA	—	—	-0.001	-0.003***
			(-0.23)	(-3.36)
SIZE	-0.004***	-0.018***	-0.004***	-0.018***
	(-2.79)	(-7.10)	(-2.85)	(-7.16)
LEV	-0.048***	0.007	-0.048***	0.007
	(-3.98)	(0.47)	(-3.97)	(0.45)
GROWTH	0.001	-0.003	0.001	-0.003
	(0.38)	(-0.93)	(0.41)	(-0.93)
ROA	0.122*	-0.037	0.122*	-0.036
	(1.95)	(-0.83)	(1.95)	(-0.82)
TAN	-0.011	-0.001	-0.011	-0.001
	(-1.09)	(-0.10)	(-1.10)	(-0.10)
CR1	0.002	0.008	0.002	0.008
	(0.25)	(1.09)	(0.22)	(1.08)
INST_HOLD	-0.007	0.013	-0.007	0.014
	(-0.74)	(1.12)	(-0.72)	(1.17)
CEOMTB	0.001	-0.004	0.001	-0.006
	(0.13)	(-0.46)	(0.14)	(-0.74)
Year fixed effects	Yes	Yes	Yes	Yes
Ind fixed effects	Yes	Yes	Yes	Yes
Cluster	Yes	Yes	Yes	Yes
N	4870	4945	4870	4945
Adj. R^2	0.040	0.045	0.039	0.045

注：***、**和*分别表示在1%、5%和10%水平下显著（双尾）。

从表5-7可以看出，在内部控制质量较好时，权力差距对债务融资规模的影响不显著，而在内部控制质量较差时，权力差距对债务融资规模的影响较为明显。表5-8报告了在不同内部控制质量分组下，权力差距对企业债务融资成本的影响。可以看出，在内部控制质量较好时，权力差距对债务融资成本的影响不显著，而内部控制质量较差时，权力差距对债务融资成本的影响较为明显。表5-7和表5-8的结果支持了本章的研究假设5-2，即在内部控制质量较差时，董事长——总经理权力差距可以改善企业的内部控制质量，从而可以帮助企业获得更高的债务契约评价，增强企业的债务融资能力。

（三）权力差距、外部治理环境与债务融资的检验

为检验研究假设5-3，董事长——总经理权力差距对企业债务融资行为的影响是否受到外部治理环境的影响，本章选取王小鲁等（2017）的《中国分省份市场化指数报告（2016）》（以下简称《报告（2016）》）中的市场化综合指数来度量外部治理环境，该指数越大，表明该地区外部治理环境越好。《报告（2016）》的数据截止到2014年，由于各地区变化不大，因此采用2014年的市场化总指数代替2015年和2016年各地区的市场化总指数。根据外部治理环境，将所有观测值分为外部治理环境较好和外部治理环境较差两组样本，分别检验权力差距对债务融资规模和融资成本的影响，检验结果如表5-9和表5-10所示。

表5-9 权力差距与企业债务融资规模——外部治理环境

变量	DEBT_SIZE			
	外部治理环境好	外部治理环境差	外部治理环境好	外部治理环境差
POWER_SUM	0.001	0.002 ***	—	—
	(1.36)	(2.83)		
POWER_PCA	—	—	0.001	0.002 ***
			(1.09)	(2.59)
SIZE	0.002 *	0.011 ***	0.002 *	0.011 ***
	(1.86)	(7.90)	(1.84)	(7.98)
LEV	0.072 ***	0.052 ***	0.072 ***	0.052 ***
	(7.51)	(5.15)	(7.53)	(5.20)
GROWTH	0.031 ***	0.026 ***	0.031 ***	0.026 ***
	(9.16)	(8.26)	(9.16)	(8.26)
ROA	0.004	−0.001	0.004	0.001
	(0.15)	(−0.03)	(0.12)	(0.04)

续表

变量	DEBT_SIZE			
	外部治理环境好	外部治理环境差	外部治理环境好	外部治理环境差
TAN	−0.049***	−0.070***	−0.049***	−0.070***
	(−5.50)	(−7.69)	(−5.49)	(−7.71)
CR1	0.000	0.006	0.000	0.007
	(0.03)	(0.94)	(0.02)	(1.03)
INST_HOLD	0.017**	0.019**	0.018**	0.020**
	(2.13)	(2.17)	(2.17)	(2.22)
CEOMTB	−0.005	−0.013*	−0.004	−0.012*
	(−0.76)	(−1.91)	(−0.70)	(−1.82)
Year fixed effects	Yes	Yes	Yes	Yes
Ind fixed effects	Yes	Yes	Yes	Yes
Cluster	Yes	Yes	Yes	Yes
N	5040	4775	5040	4775
Adj. R^2	0.088	0.098	0.087	0.098

注：***、**和*分别表示在1%、5%和10%水平下显著（双尾）。

表5－10　权力差距与企业债务融资成本——外部治理环境

变量	DEBT_COST			
	外部治理环境好	外部治理环境差	外部治理环境好	外部治理环境差
POWER_SUM	−0.001	−0.003***	—	—
	(−0.95)	(−2.92)		
POWER_PCA	—	—	−0.001	−0.003***
			(−1.02)	(−2.65)
SIZE	−0.010***	−0.011***	−0.010***	−0.011***
	(−4.16)	(−6.36)	(−4.18)	(−6.40)
LEV	−0.035**	0.003	−0.035**	0.003
	(−2.16)	(0.18)	(−2.18)	(0.17)
GROWTH	0.003	−0.006***	0.003	−0.005***
	(0.75)	(−2.71)	(0.76)	(−2.67)
ROA	0.025	−0.003	0.026	−0.007
	(0.47)	(−0.06)	(0.49)	(−0.14)

续表

变量	DEBT_COST			
	外部治理环境好	外部治理环境差	外部治理环境好	外部治理环境差
TAN	0.013	− 0.017	0.013	− 0.017
	(1.02)	(− 1.46)	(1.01)	(− 1.46)
CR1	0.009	− 0.001	0.009	− 0.002
	(0.95)	(− 0.14)	(0.95)	(− 0.26)
INST_HOLD	− 0.003	0.005	− 0.003	0.005
	(− 0.23)	(0.55)	(− 0.25)	(0.52)
CEOMTB	0.009	− 0.006	0.008	− 0.007
	(1.19)	(− 0.69)	(1.14)	(− 0.78)
Year fixed effects	Yes	Yes	Yes	Yes
Ind fixed effects	Yes	Yes	Yes	Yes
Cluster	Yes	Yes	Yes	Yes
N	5040	4775	5040	4775
Adj. R^2	0.036	0.040	0.036	0.038

注：***、**和*分别表示在1%、5%和10%水平下显著（双尾）。

从表5－9可以看出，在外部治理环境较好时，权力差距对债务融资规模的影响不显著，而在外部治理环境较差时，权力差距对债务融资规模的影响较为明显。表5－10报告了在不同外部治理环境分组下，权力差距对企业债务融资成本的影响。可以看出，在外部治理环境较好时，权力差距对债务融资成本的影响不显著，而在外部治理环境较差时，权力差距对债务融资成本的影响较为明显。表5－9和表5－10的结果支持了本章的研究假设5－3，即在外部治理环境较差时，企业代理成本较高，董事长——总经理权力差距可以提高团队有效性，进而改善企业的治理水平，从而可以帮助企业获得更高的债务契约评价，增强企业的债务融资能力。

（四）权力差距、行业竞争程度与债务融资的检验

为检验研究假设5－4，权力差距对企业债务融资行为的影响是否受到企业所处行业竞争程度的影响，本章参考陈汉文和周中胜（2014），采用赫芬达尔指数反映行业竞争程度，该指数越小，说明行业竞争越激烈。本章根据行业竞争程度，将所有观测值分为行业竞争程度高和行业竞争程度低两组样本，分别检验在不同行业竞争程度下，权力差距对债务融资规模和融资成本的影响。

表 5-11 报告了在不同行业竞争程度分组下，权力差距对企业债务融资规模的影响。可以看出，在行业竞争较为激烈的分组中，权力差距对债务融资规模的影响较为明显，而在行业竞争程度较低的分组中，权力差距对债务融资规模的影响不显著。表 5-12 报告了在不同行业竞争程度分组下，权力差距对企业债务融资成本的影响。可以看出，在行业竞争较为激烈的分组中，权力差距对债务融资成本的影响较为明显，而在行业竞争程度较低的分组中，权力差距对债务融资成本的影响不显著。表 5-11 和表 5-12 的结果支持了本章的研究假设 5-4，即当企业所处的行业竞争较为激烈时，企业竞争压力越大，债务违约风险越高，并且由于竞争激烈，资金需求大于资金供给，债权人在进行借贷时拥有更大的自主权。因此，在行业竞争较为激烈时，若企业中董事长和总经理之间的权力差距可以提高企业团队的有效性、改善企业的内部控制质量和治理水平、缓解企业的经营风险以及债权人的债务风险，则这种效应更加明显。因此，董事长——总经理的权力差距与债务融资的关系在行业竞争激烈的企业中更加显著。

表 5-11　权力差距与企业债务融资规模——行业竞争程度

变量	DEBT_SIZE			
	行业竞争程度低	行业竞争程度高	行业竞争程度低	行业竞争程度高
POWER_SUM	0.001 (1.50)	0.003*** (3.82)	—	—
POWER_PCA	—	—	0.001 (1.37)	0.002** (2.24)
SIZE	0.006*** (4.23)	0.006*** (4.82)	0.006*** (4.22)	0.007*** (5.59)
LEV	0.065*** (6.49)	0.054*** (6.21)	0.066*** (6.53)	0.057*** (6.58)
GROWTH	0.024*** (7.58)	0.034*** (10.23)	0.024*** (7.57)	0.033*** (10.13)

续表

变量	DEBT_SIZE			
	行业竞争程度低	行业竞争程度高	行业竞争程度低	行业竞争程度高
ROA	0.037	0.008	0.037	-0.013
	(1.14)	(0.24)	(1.16)	(-0.41)
TAN	-0.061 ***	-0.056 ***	-0.061 ***	-0.052 ***
	(-6.74)	(-7.03)	(-6.71)	(-6.55)
CR1	0.005	-0.003	0.005	0.001
	(0.76)	(-0.50)	(0.80)	(0.15)
INST_HOLD	0.017 **	0.010	0.017 **	0.016 *
	(2.03)	(1.19)	(2.01)	(1.88)
CEOMTB	-0.012 *	-0.014 **	-0.012 *	-0.007
	(-1.84)	(-2.33)	(-1.75)	(-1.12)
Year fixed effects	Yes	Yes	Yes	Yes
Ind fixed effects	Yes	Yes	Yes	Yes
Cluster	Yes	Yes	Yes	Yes
N	4658	5157	4658	5157
Adj. R^2	0.089	0.093	0.086	0.100

注：***、**和*分别表示在1%、5%和10%水平下显著（双尾）。

表5-12　权力差距与企业债务融资成本——行业竞争程度

变量	DEBT_COST			
	行业竞争程度低	行业竞争程度高	行业竞争程度低	行业竞争程度高
POWER_SUM	-0.001	-0.002 **	—	—
	(-1.44)	(-2.55)		
POWER_PCA	—	—	-0.001	-0.003 ***
			(-1.27)	(-2.66)
SIZE	-0.011 ***	-0.011 ***	-0.011 ***	-0.011 ***
	(-5.83)	(-5.52)	(-5.85)	(-5.62)
LEV	-0.019	-0.016	-0.019	-0.016
	(-1.27)	(-1.10)	(-1.29)	(-1.09)
GROWTH	-0.004 *	0.001	-0.004 *	0.001
	(-1.80)	(0.15)	(-1.79)	(0.19)

变量	DEBT_COST			
	行业竞争程度低	行业竞争程度高	行业竞争程度低	行业竞争程度高
ROA	0.061	−0.068	0.060	−0.068
	(1.20)	(−1.25)	(1.19)	(−1.25)
TAN	−0.013	0.001	−0.013	0.001
	(−1.09)	(0.10)	(−1.11)	(0.12)
CR1	0.003	0.004	0.003	0.004
	(0.44)	(0.58)	(0.39)	(0.58)
INST_HOLD	0.004	−0.000	0.004	−0.001
	(0.33)	(−0.04)	(0.35)	(−0.15)
CEOMTB	−0.004	0.007	−0.005	0.006
	(−0.54)	(0.92)	(−0.62)	(0.83)
Year fixed effects	Yes	Yes	Yes	Yes
Ind fixed effects	Yes	Yes	Yes	Yes
Cluster	Yes	Yes	Yes	Yes
N	4658	5157	4658	5157
Adj. R^2	0.035	0.031	0.034	0.031

注：***、**和*分别表示在1%、5%和10%水平下显著（双尾）。

（五）进一步分析

1. 区分权力差距的三个维度

表5-6的实证结果表明董事长——总经理之间的权力差距越大，企业债务融资规模越大，并且债务融资成本越小。在上述分析的基础上，我们进一步区分权力差距的不同维度，将董事长——总经理权力差距分为所有权、专家权和声望权三个维度，分别与债务融资规模和债务融资成本进行回归，考察不同维度的权力差距的影响是否存在差异。其结果如表5-13和表5-14所示。表5-13列示了权力差距的三个维度对企业债务融资规模影响的回归结果。从表5-13的回归结果我们可以看出，单独将所有权权力差距、专家权权力差距以及声望权权力差距放入模型中时，除专家权权力差距系数为正不显著外，所有权权力差距和声望权权

力差距的系数均显著为正，这表明随着董事长—总经理所有权权力差距以及声望权权力差距的增大，上市公司债务融资规模越大。在表 5 – 13 的第（4）列中，本章将三个维度的权力差距同时放入模型中，声望权权力差距的系数不再显著，但是所有权权力差距的系数仍然显著为正。表 5 – 13 的结果表明，在权力差距的三个维度上，所有权权力差距对上市公司债务融资规模的影响最大，专家权权力差距的影响最小。

表 5 – 13　权力差距与企业债务融资规模——分为三个维度

变量	DEBT_SIZE			
	（1）	（2）	（3）	（4）
POWER_OWN	0. 005 ***	—	—	0. 005 ***
	（5. 18）			（4. 42）
POWER_EXP	—	0. 001	—	– 0. 000
		（1. 41）		（ – 0. 22）
POWER_PRE	—	—	0. 002 **	0. 001
			（2. 17）	（1. 24）
SIZE	– 0. 019 ***	– 0. 018 ***	– 0. 018 ***	– 0. 019 ***
	（ – 6. 48）	（ – 7. 26）	（ – 7. 27）	（ – 7. 57）
LEV	0. 025 ***	0. 024 ***	0. 024 ***	0. 025 ***
	（10. 44）	（11. 55）	（11. 57）	（11. 76）
GROWTH	0. 029 ***	0. 029 ***	0. 029 ***	0. 029 ***
	（12. 47）	（18. 08）	（18. 05）	（18. 16）
ROA	0. 014	0. 022	0. 021	0. 014
	（0. 66）	（1. 19）	（1. 17）	（0. 75）
TAN	– 0. 064 ***	– 0. 063 ***	– 0. 063 ***	– 0. 064 ***
	（ – 9. 99）	（ – 10. 81）	（ – 10. 82）	（ – 10. 95）
BOARDSIZE	– 0. 001	– 0. 001	– 0. 001	– 0. 001
	（ – 0. 16）	（ – 0. 13）	（ – 0. 19）	（ – 0. 19）
CR1	0. 014 **	0. 014 **	0. 013 **	0. 014 **
	（2. 31）	（2. 23）	（2. 10）	（2. 24）
INST_ HOLD	– 0. 016 ***	– 0. 017 ***	– 0. 017 ***	– 0. 016 ***
	（ – 3. 60）	（ – 3. 81）	（ – 3. 84）	（ – 3. 65）

续表

变量	DEBT_SIZE			
	（1）	（2）	（3）	（4）
CEOMTB	− 0.002	− 0.002	− 0.002	− 0.002
	（− 0.60）	（− 0.69）	（− 0.76）	（− 0.62）
Year fixed effects	Yes	Yes	Yes	Yes
Ind fixed effects	Yes	Yes	Yes	Yes
Cluster	Yes	Yes	Yes	Yes
N	9815	9815	9815	9815
Adj. R^2	0.088	0.086	0.086	0.088

注：***、**和*分别表示在1%、5%和10%水平下显著（双尾）。

表5 – 14 列示了权力差距的三个维度对企业债务融资成本影响的回归结果。从表5 – 14 的回归结果我们可以看出，单独将所有权权力差距、专家权权力差距以及声望权权力差距放入模型中时，所有权权力差距、专家权权力差距和声望权权力差距的系数均为负，分别在1%、10%和5%水平下显著，这表明在三个权力差距维度上，随着董事长—总经理权力差距的增大，上市公司债务融资成本越小。在表5 – 14 的第（4）列中，本书将三个维度的权力差距同时放入模型中，专家权权力差距和声望权权力差距的系数不再显著，但是所有权权力差距的系数仍然显著为负。表5 – 14 的结果表明，在权力差距的三个维度上，首先是所有权权力差距对上市公司债务融资成本的影响最大，其次是声望权权力差距，最后是专家权权力差距的影响最小。

表5 – 14　权力差距与企业债务融资成本——分为三个维度

变量	DEBT_COST			
	（1）	（2）	（3）	（4）
POWER_OWN	− 0.004 ***	—	—	− 0.003 ***
	（− 2.93）			（− 2.76）
POWER_EXP	—	− 0.002 *	—	− 0.001
		（− 1.65）		（− 0.93）
POWER_PRE	—	—	− 0.002 **	− 0.002
			（− 2.21）	（− 1.50）

续表

变量	DEBT_COST			
	（1）	（2）	（3）	（4）
SIZE	0.008	0.007	0.007 ***	0.008 ***
	（1.46）	（1.35）	（2.73）	（2.93）
LEV	−0.017 ***	−0.016 ***	−0.017 ***	−0.017 ***
	（−3.68）	（−3.61）	（−7.41）	（−7.52）
GROWTH	−0.002	−0.002	−0.002	−0.002
	（−0.83）	（−0.80）	（−0.90）	（−0.98）
ROA	−0.037	−0.043	−0.043 **	−0.037 *
	（−1.00）	（−1.16）	（−2.22）	（−1.92）
TAN	−0.000	−0.001	−0.001	−0.001
	（−0.04）	（−0.16）	（−0.19）	（−0.14）
BOARDSIZE	0.006	0.006	0.006	0.006
	（1.05）	（1.02）	（1.23）	（1.22）
CR1	0.001	0.001	0.002	0.001
	（0.09）	（0.10）	（0.28）	（0.14）
INST_HOLD	0.005	0.005	0.005	0.005
	（0.79）	（0.87）	（1.13）	（0.99）
CEOMTB	0.001	0.001	0.001	0.001
	（0.35）	（0.28）	（0.48）	（0.28）
Year fixed effects	Yes	Yes	Yes	Yes
Ind fixed effects	Yes	Yes	Yes	Yes
Cluster	Yes	Yes	Yes	Yes
N	9815	9815	9815	9815
Adj. R^2	0.037	0.036	0.036	0.037

注：＊＊＊、＊＊和＊分别表示在1%、5%和10%水平下显著（双尾）。

表5−13和表5−14的检验结果显示，董事长—总经理权力差距的三个维度——所有权、专家权和声望权都可以在一定程度上扩大上市公司债务融资规模，以及降低企业债务融资成本，并且所有权权力差距的作用最为明显。

2. 区分权力差距的九个具体指标

我们在检验了权力差距的三个维度对企业债务融资行为的影响后，还将权力差距的九个具体指标分别对债务融资规模和债务融资成本的影响进行回归。在对债务融资规模的检验结果中（见表5－15），我们可以看到持股比例、是否是创始人、学术背景以及政治声望这四个变量的系数均为正，并且显著。这说明在扩大企业债务融资规模方面，上述四个权力差距指标发挥了显著作用。在对债务融资成本的检验结果中（见表5－16），我们可以看到持股比例、是否是创始人、任职年限、学历背景以及政治声望这五个指标的回归系数显著为负，这说明在降低企业债务融资成本方面，上述五个权力差距指标发挥了显著作用。表5－15和表5－16的实证结果表明，不同的权力差距指标对债务融资行为的作用不同。持股比例、是否是创始人以及政治声望的作用更为明显。

表5－15　权力差距与企业债务融资规模（分为九个指标）

变量	DEBT_SIZE								
	(1)	(2)	(3)	(4)	(5)	(6)	(7)	(8)	(9)
POWER_SHA	0.012 ***	—	—	—	—	—	—	—	—
	(6.20)								
POWER_FOU	—	0.008 ***	—	—	—	—	—	—	—
		(4.05)							
POWER_ISC	—	—	−0.004 **	—	—	—	—	—	—
			(−2.26)						
POWER_TEN	—	—	—	0.001	—	—	—	—	—
				(0.77)					
POWER_PRO	—	—	—	—	−0.001	—	—	—	—
					(−0.85)				
POWER_ACA	—	—	—	—	—	0.006 ***	—	—	—
						(2.62)			
POWER_DEG	—	—	—	—	—	—	0.000	—	—
							(0.23)		
POWER_TCO	—	—	—	—	—	—	—	−0.000	—
								(−0.10)	
POWER_POL	—	—	—	—	—	—	—	—	0.004 **
									(2.36)
Controls	Yes	Yes	Yes	Yes	Yes	Yes	Yes	Yes	Yes
N	9815	9815	9815	9815	9815	9815	9815	9815	9815
Adj. R²	0.093	0.091	0.078	0.090	0.090	0.090	0.090	0.090	0.090

注：***、**和*分别表示在1%、5%和10%水平下显著（双尾）。

表5-16 权力差距与企业债务融资成本（分为九个指标）

变量	DEBT_COST								
	(1)	(2)	(3)	(4)	(5)	(6)	(7)	(8)	(9)
POWER_SHA	-0.006** (-2.32)	—	—	—	—	—	—	—	—
POWER_FOU	—	-0.009*** (-4.07)	—	—	—	—	—	—	—
POWER_ISC	—	—	0.003 (1.00)	—	—	—	—	—	—
POWER_TEN	—	—	—	-0.004** (-2.40)	—	—	—	—	—
POWER_PRO	—	—	—	—	-0.001 (-0.24)	—	—	—	—
POWER_ACA	—	—	—	—	—	-0.001 (-0.41)	—	—	—
POWER_DEG	—	—	—	—	—	—	-0.004** (-1.96)	—	—
POWER_TCO	—	—	—	—	—	—	—	-0.000 (-0.11)	—
POWER_POL	—	—	—	—	—	—	—	—	-0.003* (-1.67)
Controls	Yes	Yes	Yes	Yes	Yes	Yes	Yes	Yes	Yes
N	9815	9815	9815	9815	9815	9815	9815	9815	9815
Adj. R^2	0.033	0.033	0.028	0.032	0.032	0.032	0.032	0.032	0.031

注：***、**和*分别表示在1%、5%和10%水平下显著（双尾）。

（六）稳健性检验

1. 被解释变量的替代度量

（1）新增借款（DEBT_SIZE2）。借鉴李维安等（2015）的研究方法，将上市公司新增借款作为企业债务融资规模的替代变量。定义新增借款 DEBT_SIZE2 = [（年末短期借款＋年末长期借款＋年末一年内到期的非流动负债）-（年初短期

借款 + 年初长期借款 + 年初一年内到期的非流动负债）]/年末总资产。

（2）债务融资成本 2（DEBT_COST2）。上市公司财务费用分为利息收入、利息支出、汇兑损益、手续费和其他。借鉴王运通和姜付秀（2017）、李广子和刘力（2009）的研究方法，将上市公司利息支出和手续费以及其他加总定义为上市公司的融资费用支出，定义债务融资成本 DEBT_COST2 =（利息支出 + 手续费 + 其他）/债务融资额。

以新增借款和债务融资成本 2 作为上市公司债务融资规模和成本的替代变量进行稳健性测试，检验权力差距对债务融资的影响，检验结果如表 5 - 17 所示。从表 5 - 17 可以看出，在新增借款模型中，权力差距的回归系数仍然显著为正，在债务融资成本 2 模型中，权力差距的回归系数仍然显著为负，与研究假设 5 - 1 的结论一致。

表 5 - 17　被解释变量的替代变量

变量	DEBT_SIZE2		DEBT_COST2	
	（1）	（2）	（3）	（4）
POWER_SUM	0.002 ***	—	- 0.004 ***	—
	（3.58）		（- 2.73）	
POWER_PCA	—	0.002 ***	—	- 0.003 **
		（4.03）		（- 2.27）
SIZE	- 0.020 ***	- 0.020 ***	0.047 ***	0.047 ***
	（- 6.83）	（- 6.91）	（4.35）	（5.39）
LEV	0.025 ***	0.025 ***	- 0.058 ***	- 0.058 ***
	（10.59）	（10.67）	（- 6.17）	（- 7.48）
GROWTH	0.031 ***	0.031 ***	- 0.001	- 0.001
	（13.85）	（13.85）	（- 0.33）	（- 0.29）
ROA	- 0.015	- 0.016	0.046	0.044
	（- 0.69）	（- 0.76）	（0.61）	（0.74）
TAN	- 0.053 ***	- 0.053 ***	- 0.006	- 0.006
	（- 8.40）	（- 8.38）	（- 0.37）	（- 0.48）
BOARDSIZE	- 0.002	- 0.001	0.007	0.007
	（- 0.39）	（- 0.33）	（0.62）	（0.82）

续表

变量	DEBT_SIZE2		DEBT_COST2	
	(1)	(2)	(3)	(4)
CR1	0.016 ***	0.017 ***	0.028	0.028 **
	(2.65)	(2.76)	(1.55)	(2.10)
INST_HOLD	−0.015 ***	−0.014 ***	0.019	0.018 *
	(−3.39)	(−3.12)	(1.52)	(1.78)
CEOMTB	−0.001	−0.001	0.006	0.007
	(−0.31)	(−0.21)	(0.99)	(1.23)
Year fixed effects	Yes	Yes	Yes	Yes
Ind fixed effects	Yes	Yes	Yes	Yes
Cluster	Yes	Yes	Yes	Yes
N	9815	9815	9815	9815
Adj. R^2	0.094	0.094	0.045	0.045

注：*** 、** 和 * 分别表示在 1% 、5% 和 10% 水平下显著（双尾）。

2. 解释变量的替代度量

（1）借鉴 Beck 和 Mauldin（2014）对 CFO 权力的度量方法，将董事长和总经理的九个权力指标按年度—行业排序，分为四组，从大到小依次赋值 4~1，然后将董事长和总经理的九个权力指标排序得分加总，得到董事长和总经理各自的权力排序得分，最后将董事长权力排序得分减去总经理权力排序得分，计算董事长与总经理权力差距（POWER_DUM）。这样的度量方法在一定程度上消除了年度和行业对权力度量的影响。

（2）借鉴 Krause 等（2015）的方法，将董事长和总经理的九个权力指标标准化，然后加总分别得到董事长和总经理个人的权力得分，最后相减计算董事长与总经理权力差距（POWER_STD）。

更换权力差距核心变量的稳健性检验结果如表 5 - 18 所示。表 5 - 18 中，第（1）~（2）列分别以债务融资规模为被解释变量，第（3）~（4）列分别以债务融资成本为被解释变量。回归结果显示，在债务融资规模模型中，权力差距指标 POWER_DUM 和 POWER_STD 的系数均为正，且分别在 10% 和 5% 的水平下显著，在债务融资成本模型中，权力差距指标 POWER_DUM 和 POWER_STD 的系数均为负，且均在 5% 的水平下显著。这表明，使用 Beck 和 Mauldin

（2014）以及 Krause 等（2015）的方法重新度量权力差距后，其对企业债务融资规模和融资成本的影响依然成立，证明了本书研究结论的稳健性。

表 5 – 18　解释变量的替代变量

变量	DEBT_SIZE		DEBT_COST	
	（1）	（2）	（3）	（4）
POWER_DUM	0.000 *	—	– 0.001 **	—
	(1.81)		(– 2.48)	
POWER_STD	—	0.000 **	—	– 0.001 **
		(2.54)		(– 2.05)
SIZE	0.004 ***	0.004 ***	– 0.011 ***	– 0.010 ***
	(5.28)	(5.12)	(– 10.52)	(– 10.37)
LEV	0.056 ***	0.056 ***	– 0.014 *	– 0.014 *
	(9.89)	(9.94)	(– 1.67)	(– 1.71)
GROWTH	0.022 ***	0.022 ***	– 0.002	– 0.002
	(12.78)	(12.80)	(– 1.02)	(– 1.03)
ROA	0.030 *	0.028	– 0.008	– 0.007
	(1.70)	(1.63)	(– 0.25)	(– 0.23)
TAN	– 0.054 ***	– 0.054 ***	– 0.004	– 0.004
	(– 10.08)	(– 10.06)	(– 0.59)	(– 0.57)
BOARDSIZE	– 0.001	– 0.001	0.005	0.005
	(– 0.29)	(– 0.29)	(1.25)	(1.24)
CR1	0.008	0.008	0.003	0.003
	(1.60)	(1.61)	(0.51)	(0.47)
INST_HOLD	– 0.012 ***	– 0.012 ***	0.004	0.003
	(– 3.30)	(– 3.15)	(0.81)	(0.68)
CEOMTB	0.000	0.000	0.001	0.001
	(0.04)	(0.11)	(0.19)	(0.25)
Year fixed effects	Yes	Yes	Yes	Yes
Ind fixed effects	Yes	Yes	Yes	Yes
Cluster	Yes	Yes	Yes	Yes
N	9815	9815	9815	9815
Adj. R^2	0.0819	0.0822	0.0318	0.0315

注：*** 、** 和 * 分别表示在 1% 、5% 和 10% 水平下显著（双尾）。

3. 随机效应模型

由于本章的研究数据中，每个上市公司均有若干年的观测值，而这些观测值之间并不完全独立，因此，为了拟合非独立观测的数据，降低观测之间的非独立性对参数估计的影响，本章还借鉴张建君和张闫龙（2016）的研究，采用随机效应模型来考察权力差距对企业债务融资行为的影响。随机效应模型的回归结果如表5-19所示。在债务融资规模模型中，无论是权力差距综合指标1还是权力差距综合指标2，回归系数依然显著为正，在债务融资成本模型中，无论是权力差距综合指标1还是权力差距综合指标2，回归系数依然显著为负，与研究假设5-1的结论相一致，即随着董事长—总经理权力差距的增大，上市公司债务融资规模越大，债务融资成本越小。

表5-19 随机效应模型

变量	DEBT_SIZE		DEBT_COST	
	（1）	（2）	（3）	（4）
POWER_SUM	0.002***	—	-0.003***	—
	(4.23)		(-3.85)	
POWER_PCA	—	0.003***	—	-0.002***
		(4.12)		(-2.77)
SIZE	0.006***	0.006***	-0.011***	-0.011***
	(6.83)	(6.80)	(-8.31)	(-8.37)
LEV	0.060***	0.060***	-0.051***	-0.051***
	(10.97)	(11.00)	(-7.13)	(-7.09)
GROWTH	0.028***	0.028***	-0.002	-0.002
	(17.79)	(17.77)	(-1.06)	(-1.03)
ROA	0.022	0.022	-0.026	-0.025
	(1.19)	(1.17)	(-1.21)	(-1.20)
TAN	-0.062***	-0.062***	0.010	0.010
	(-10.53)	(-10.49)	(1.26)	(1.24)
BOARDSIZE	-0.001	-0.000	0.006	0.006
	(-0.11)	(-0.04)	(0.92)	(0.85)

变量	DEBT_SIZE		DEBT_COST	
	(1)	(2)	(3)	(4)
CR1	0.014 **	0.014 **	0.000	−0.000
	(2.24)	(2.33)	(0.01)	(−0.03)
INST_HOLD	−0.016 ***	−0.014 ***	0.003	0.002
	(−3.53)	(−3.26)	(0.51)	(0.35)
CEOMTB	−0.001	−0.001	0.001	0.001
	(−0.24)	(−0.20)	(0.17)	(0.19)
Year fixed effects	Yes	Yes	Yes	Yes
Ind fixed effects	Yes	Yes	Yes	Yes
N	9815	9815	9815	9815
Pseudo R^2	0.089	0.089	0.032	0.032

注：*** 、** 和 * 分别表示在1%、5% 和10% 水平下显著（双尾）。

4. 内生性问题

由于上市公司董事长和总经理的选择和任命可能受到公司自身特征以及其他不可观测因素的影响，因此本章的研究结论可能存在一定的内生性问题。为了解决这一问题，借鉴蒋德权等（2018），本章利用工具变量法，引入同行业同年度董事长——总经理权力差距的平均值（AVGPOWER）和权力差距的滞后一期变量（$POWER_{t-1}$），对本章的主要研究假设 5 - 1 进行回归检验。第一阶段，利用AVGPOWER 和 $POWER_{t-1}$ 以及其他控制变量对权力差距（POWER_SUM）进行回归，求出权力差距的拟合值。第二阶段，利用第一阶段计算出来的权力差距拟合值以及其他控制变量对债务融资规模和债务融资成本进行回归。2SLS 两阶段工具变量的回归结果如表5 - 20 所示。从工具变量第二阶段的结果可以看出，权力差距的系数在债务融资规模模型中仍然显著为正，权力差距的系数在债务融资成本模型中仍然显著为负，说明在解决内生性问题后，权力差距仍然对企业债务融资规模有促进作用，对债务融资成本有抑制作用。并且，本章也对该模型进行了是否存在过度识别以及弱工具变量的检验。结果显示，过度识别的 P 值大于0.01，接受原假设，即所有工具变量均为外生，工具变量不存在过度识别问题。

弱工具变量的检验显示，F 值较大，拒绝原假设，即不存在弱工具变量。工具变量法的回归结果与本章的研究结论相一致。

表 5-20 工具变量法回归结果

变量	第一阶段	第二阶段	第二阶段
	POWER_SUM	DEBT_SIZE	DEBT_COST
POWER_SUM	—	0.002 **	− 0.001 *
		(2.50)	(− 1.70)
AVGPOWER	0.337 ***	—	—
	(4.06)		
$POWER_{t-1}$	0.829 ***	—	—
	(142.00)		
SIZE	0.011	0.007 ***	− 0.005 ***
	(1.11)	(8.37)	(− 14.36)
LEV	− 0.107 *	0.057 ***	0.002
	(− 1.85)	(11.93)	(0.72)
GROWTH	0.006	0.023 ***	− 0.002 **
	(0.33)	(15.36)	(− 2.53)
ROA	0.668 ***	0.001	− 0.011
	(3.29)	(0.06)	(− 1.27)
TAN	0.021	− 0.057 ***	0.009 ***
	(0.32)	(− 10.16)	(3.37)
BOARDSIZE	0.068	− 0.003	0.002
	(1.31)	(− 0.70)	(0.91)
CR1	− 0.059	0.008	− 0.005
	(− 0.86)	(1.40)	(− 1.64)
INST_HOLD	− 0.042	− 0.013 ***	− 0.002
	(− 0.85)	(− 3.20)	(− 0.85)
CEOMTB	− 0.169 ***	0.000	0.000
	(− 5.24)	(0.04)	(0.14)
Year fixed effects	Yes	Yes	Yes
Ind fixed effects	Yes	Yes	Yes
N	9815	9815	9815

变量	第一阶段	第二阶段	第二阶段
	POWER_SUM	DEBT_SIZE	DEBT_COST
Pseudo R^2	0.686	0.086	0.079
过度识别检验	—	0.874	0.583
弱工具变量检验	—	8689.76 ***	8689.76 ***

注：＊＊＊、＊＊和＊分别表示在 1%、5% 和 10% 水平下显著（双尾）。

五、本章小结

融资作为上市公司财务管理的重要决策之一，对于企业的经营发展具有非常重要的意义。其中，债务融资是企业获取外部资金的重要方式，如何建立合理高效的高管团队帮助企业获得更大的债务融资规模，以及更低的债务融资成本是高管团队建设企业财务管理关心的重要话题。董事长和总经理作为上市公司经济行为的最高决策者，其两者之间的权力配置以及互动会对其行为决策产生显著影响，那么是否也会对企业的债务融资行为产生影响？以 2009 ~ 2016 年董事长和总经理"两职分离"的上市公司为研究样本，本章对董事长—总经理权力差距与上市公司融资行为——债务融资的关系进行了检验，债务融资包括债务融资规模和债务融资成本，本章得出以下结论。

首先，董事长和总经理权力差距与上市公司债务融资规模呈正相关关系，与债务融资成本呈负相关关系。随着上市公司董事长—总经理权力差距的增大，高管团队内部可以形成更加稳定的秩序，团队内冲突更少，上下级之间形成良好的沟通和互动，企业信息共享程度提高，信息不对称程度降低，进而可以提高企业的内部控制质量以及公司治理水平，增强企业的债务融资优势，最终有利于企业获取更高的融资规模和更低的融资成本。根据权力的不同维度，本章还探究了所有权权力差距、专家权权力差距以及声望权权力差距对债务融资行为的影响，研究发现，上述三个权力差距维度都会对企业债务融资行为产生影响，并且所有权权力差距的影响最大，专家权权力差距的影响最小。本章对上述结论进行了稳健性检验和内生性测试，本章的结论依然成立。

其次，本章从企业内部控制质量、外部治理环境以及行业竞争程度三个方面进一步考察了董事长—总经理权力差距与债务融资行为之间的逻辑关系。研究发现，权力差距与债务融资行为的关系在企业内部控制质量较差、所处地区的外部治理环境较差以及行业竞争程度较高时更明显。以上结果表明，董事长—总经理权力差距可以发挥公司治理效应，进而改善公司的债务融资行为。

第六章　董事长—总经理权力差距与投资行为研究

一、引言

融资是企业获取经营发展所需资金的基础，而投资则是企业未来成长和现金流增长的主要动因。从宏观经济而言，投资、消费以及出口是拉动经济增长的"三驾马车"，因此投资行为不仅与企业的发展乃至宏观经济的波动都密切相关。投资行为涉及投资的水平和投资的效率两个方面，而投资水平和投资效率存在高度一致性，投资过度和投资不足都会导致企业投资效率低下，而企业的非效率投资又表现为企业投资过度和投资不足。投资效率的高低直接关系到公司既定财务目标的实现与否，是企业价值增加的根本所在，因此投资效率是企业投资决策研究中的重要话题。然而，近年来我国上市公司普遍存在投资效率不高（姜付秀等，2009），过度投资和非效率投资现象严重（张纯和吕伟，2009；徐向艺和李鑫，2008）的问题。国家统计局公布的数据显示，我国具有投资强力驱动经济的特点，因此，如何抑制企业非效率投资，提高企业投资效率是我国经济发展以及企业价值增加亟待解决的现实问题（李万福等，2011）。已有研究发现，外部因素如产业政策（王克敏等，2017）、非财务信息（Bushman and Smith，2001；程新生等，2012）、货币政策（靳庆鲁等，2012）、市场竞争（赵纯祥和张敦力，2013；刘凤委和李琦，2013）、投资者情绪（刘志远和靳光辉，2013）、外部治理环境（李延喜等，2013）、政治不确定性（徐业坤等，2013）等都会对企业的投资效率产生影响。

除了外部因素外，公司内部治理也是影响企业投资效率的重要因素。从公司内部治理来看，企业出现非效率投资的主要原因是所有权和经营权分离下的委托代理问题。根据委托代理理论，企业存在股东经理人代理冲突以及信息不对称问题，经理人为了满足自身利益最大化，可能构建自己的商业帝国，盲目扩大投资，造成过度投资问题，或者为了降低个人职业风险，避免承担高风险可能带来的损失，倾向于降低投资，造成投资不足问题。高管权力是影响企业投资行为的重要因素，根据高管权力理论，高管权力越大，其"寻租"的能力越强，越有可能出现非效率投资。而合理的高管团队权力配置以及公司治理机制可以在一定程度上缓解股东经理人代理冲突，有效发挥监督和激励机制，协调管理者与公司的利益关系，促使经理人采取符合股东价值最大化的决策。例如，已有研究发现，CFO兼任公司董事可以提高公司效率（袁建国等，2017）、更高的内部控制质量（李万福等，2011；方红星和金玉娜，2013）以及良好的公司治理（方红星和金玉娜，2013）可以提高企业投资效率。

企业的投资行为是由企业的管理者决定的，那么投资效率在很大程度上取决于企业的高层管理者是否做出了有利于企业价值最大化的决策以及企业投资决策的执行效率。然而，现有企业投资效率的文献却很少关注公司决策和治理中最重要的领导者——董事长和总经理之间的权力配置以及互动问题。高管之间的良好互动可以对企业的决策效率以及内部治理等产生积极作用，而良好的互动需要高管之间权力的合理配置，因此，从权力配置的角度探索其对上市公司投资效率具有非常重要的意义，本章的研究能够弥补这一研究领域的空缺和不足。

基于上述分析，本章以2009~2016年"两职分离"的上市公司为研究对象，探讨了董事长和总经理之间的权力差距对企业投资效率的影响，并进一步探讨了薪酬安排以及政府治理类型对权力差距与投资效率之间关系的影响。本章的结构安排如下：首先，在相关理论的基础上提出本章的研究假设；其次，构建本章研究的模型以及对相关变量进行定义；再次，对研究假设进行实证检验，包括描述性统计、相关性分析和多元回归分析；从次，对研究模型采取替换关键变量、模型变换以及内生性进行稳健性检验，进一步验证研究结论的稳健性；最后，总结归纳本章得出的结论。

二、理论分析与假设提出

在完美市场假说下，企业在进行投资决策时应该只关注投资机会的盈利性（MM 理论）。但是现实中，由于企业存在股东和管理层之间的代理问题以及信息不对称问题，导致企业的投资决策可能偏离最优投资决策，如管理者为了扩大企业规模、建立商业帝国等私利，倾向于把自由现金流投资于 NPV 小于 0 的项目，造成过度投资，或者管理者为了降低投资失败带来的个人职业风险，而放弃 NPV 大于 0 的项目，造成投资不足。无论是过度投资还是投资不足都是企业非效率投资的表现。非效率投资偏离了企业价值最大化的目标，阻碍了企业长期高效的发展。因此，提高企业的投资效率是企业团队决策的目标以及团队有效性的体现。在中国制度背景下，董事长和总经理是我国上市公司高管团队中最为重要的成员，两者之间的权力配置和互动关系直接影响团队的有效性。合理的权力配置可以保持团队的秩序和稳定性，进而提高团队的有效性。张建君和张闫龙（2016）指出，团队中"一把手"必须有足够的权威，包括正式的和非正式的权威，才能保持团队的秩序，防止发生地位冲突。因此，本书认为在上市公司中，董事长和总经理之间形成一定的权力差距可以改善其互动关系、提高团队有效性，进而可以提高企业的投资效率。

首先，董事长和总经理之间存在权力差距可以降低企业非效率投资的决策。企业做出科学合理决策的前提是企业高管之间形成稳定的团队秩序以及良好的互动和沟通。我国是一种高权力距离的社会形态，在这种威权主义的文化情境下，团队在制定决策以及完成任务时相互依赖程度更高，并且企业高管之间的互动和沟通需要借助权力。根据组织等级理论，界限分明的权力等级有助于高管之间的分工和协作，进而提升沟通和工作效率。因此，当企业中董事长与总经理存在更加明确的权力等级时，不仅可以形成稳定的高管团队，而且可以形成更加良好的互动和沟通以及信息共享，企业内部的信息不对称程度更低。当总经理做出符合股东价值最大化的投资决策时，董事会更可能认可其投资方案，给予总经理更多的资源，并且可以通过职位聘任、薪酬制定等方式来有效地激励经理人，鼓励其承担风险，降低其自利行为以及偷懒的可能性，缓解投资不足问题。而当总经理基于机会主义动机按照个人利益最大化的目的进行决策时，董事长也可以对其进行更为有效的监督和约束，遏制其滥用现金以及建立商业帝国，缓解过度投资问题。

其次，董事长和总经理之间存在权力差距，可以保证企业在执行投资决策时减少操作性失误，提高执行效率。在我国威权文化以及高权力距离的社会环境下，相比于总经理，董事长在企业具有更高的权力和权威时更加符合我国的社会规范，而根据社会规范理论，符合社会规范的行为将会产生积极的后果，上下级关系更加稳定和谐，良好的人事关系可以保证企业权责合理分配、业务流程有效安排以及高效率的信息沟通，从而避免分工混乱以及过多干涉，保证既定目标的实现，并且组织成员可以更加准确地、及时地获取信息，避免操作性失误的发生，保证项目的顺利实施。综上所述，本书提出以下研究假设：

假设6-1：董事长—总经理的权力差距越大，企业投资效率越高。

研究假设6-1表明当董事长与总经理存在权力差距时有助于促进企业内部的沟通和互动，从而改善企业的决策效率以及治理效率，最终提高企业的投资效率。而上述逻辑分析具有一个前提，那就是作为企业"一把手"的董事长具有提高企业投资效率的动力。因此在研究假设6-1的基础上，本章从董事长的监督动力角度进一步考察权力差距与企业投资效率之间的逻辑关系。

在我国上市公司的高管薪酬制度中，存在一个特殊的制度安排，即很多公司的董事并不在上市公司领取薪酬，包括董事长。据本书统计，董事长不在上市公司领取报酬的比例将近40%。在不同的薪酬制度安排下，作为公司"一把手"的董事长，其决策动机和监督动力也会出现差异。相比于在上市公司领取薪酬而言，不在上市公司领取薪酬的董事长，其独立性更强，但是由于其报酬可能难以与能力、勤勉程度以及尽职情况等直接挂钩，因此其监督经理层以及提高企业投资效率的动力较弱。而在上市公司领取薪酬的董事长，更加关注公司投资效率的高低，那么，董事长更有动力去监督经理层以及改善公司的投资效率，此时董事长和总经理存在一定的权力差距，可以促进团队内部的沟通和互动，保证决策的一致性和高效率，并且董事长可以更有效地监督总经理的自利行为，最终促使团队作出有利于提高投资效率的决策；相反，若董事长改善公司投资效率的动力不足，那么即使存在权力差距，也可能无法提高企业的投资效率。因此可以合理预期，当董事长在上市公司领取薪酬时，董事长—总经理权力差距对企业投资决策的影响更明显。综上所述，本章提出以下研究假设：

假设6－2：董事长—总经理的权力差距与企业投资效率之间的关系在董事长在上市公司领取薪酬的企业中更明显。

我国上市公司的经济行为尤其是投资行为会受到政府直接或者间接的干预（陈运森和谢德仁，2011）。政府可能为了当地GDP增长、就业等社会目标或者官员晋升等目的干预企业的投资决策，例如，通过提供资源和优惠条件等促使企业进行更多的投资，因此造成企业的非效率投资，而这种作用在政府干预水平较高的地区尤其存在（陈运森和谢德仁，2011）。已有研究表明，政府干预会直接影响上市公司的投资效率（杨华军和胡奕明，2007），除此之外，政府干预也会对其他企业行为产生影响，例如，制度环境的改善有利于提高国有企业薪酬业绩敏感性（辛清泉和谭伟强，2009）以及负债的治理效应（谢德仁和陈运森，2009）。政府对市场进行干预和调控，就是为了克服市场失灵，弥补市场机制的缺陷或不足。"十四五"规划指出要加快转变政府职能，建设职责明确、依法行政的政府治理体系，进一步深化简政放权、放管结合、优化服务改革，全面实行政府权责清单制度，李克强总理也多次提出要最大限度地减少政府对市场活动的直接干预。本章将政府与企业的关系进一步区分为干预型政府和规制型政府。当政府过度直接干预企业行为，本章定义为干预型政府，而规制型政府则是主要发挥克服市场失灵、弥补市场机制缺陷的不足。因此，当企业所处的政府关系为规制型政府时，即企业受到较少的政府过度干预，企业的投资决策更大程度地取决于团队的有效性而非政府直接干预，因此权力差距对投资效率的提高效应可以有效地发挥；相反，当企业所处的政府关系为干预型政府时，即政府过度干预较多时，权力差距对投资效率的提高效应可能会被政府过度直接干预所削弱。综上所述，本章提出以下研究假设：

假设6－3：董事长—总经理的权力差距与企业投资效率之间的关系在政府类型为规制型政府时更明显。

三、研究设计

（一）样本选取

表 6 - 1 列示了本章的样本选取过程。本章以沪深两市 A 股上市公司为研究样本，以 2009～2016 年作为样本区间检验上市公司董事长—总经理权力差距对上市公司投资决策效率的影响，本章共获得 19518 个观测值。本章首先对样本公司进行了以下筛选：①本章旨在考察企业的最高领导者董事长和总经理之间权力差距的影响，因此本章的样本剔除了董事长和总经理由同一人担任的观测值 4889 个；②董事长和总经理的个人特征数据来自国泰安数据库，并且通过万德数据库、瑞思数据库，利用网络爬虫技术以及手工搜集对个人缺失数据进行补充，仍有 1670 个观测值存在数据缺失，将其剔除；③剔除金融行业上市公司观测值 310 个；④剔除 1593 个 *ST 和 ST 数据以及其他变量数据缺失的观测值。最终获得 11056 个公司—年度观测值，作为本章的样本进行研究。

表 6 - 1　样本选取过程

选取过程	观测值
上市公司总观测值	19518
剔除：两职合一的观测	4889
剔除：董事长和总经理个人数据缺失的观测	1670
剔除：金融行业的观测	310
剔除：*ST 和 ST 数据以及其他变量数据缺失的观测	1593
本章的样本数	11056

本章机构投资者数据来自万德数据库，其他数据均来自国泰安数据库。为了控制异常值的影响，本章对所有连续变量按 1% 的标准进行了缩尾处理。

（二）变量定义

1. 被解释变量

参照 Biddle 等（2009）以及王克敏等（2017）的模型：

$$I_{newt+1} = \beta_0 + \beta_1 \times SALEGROWTH_t + \varepsilon \qquad (6-1)$$

分年度分行业回归所得残差的绝对值即为第 t+1 年的投资效率,该值越大,表明企业的投资效率越低。其中,I_{newt+1} 为新增投资总额,其定义为(购建固定资产、无形资产和其他长期资产支付的现金 + 取得子公司及其他营业单位支付的现金净额 – 处置固定资产、无形资产和其他长期资产收回的现金净额 – 处置子公司及其他营业单位收到的现金净额 – 固定资产折旧 – 无形资产摊销 – 长期待摊费用摊销)/ 总资产;$SALEGROWTH_t$ 为公司第 t 年的销售收入增长率。另外,本章还定义了过度投资程度(OVER)以及投资不足程度(UNDER)。其中,将模型(6-1)回归所得残差为正的观测值定义为过度投资样本,其残差衡量公司的过度投资程度,该值越大,过度投资程度越高;将模型(6-1)回归所得残差为负的观测值定义为投资不足样本,其残差的绝对值衡量公司的投资不足程度,该值越大,投资不足程度越高。

2. 解释变量

董事长—总经理权力差距(POWER)分别采用权力差距综合指标 1(POWER_SUM)和权力差距综合指标 2(POWER_PCA)度量(变量的详细定义见第四章)。

3. 控制变量

除此之外,借鉴张兆国等(2014)以及王克敏等(2017),本章还控制了实证研究中常见的影响投资决策的财务因素,包括企业的规模(SIZE)、资产负债率(LEV)、现金持有水平(CASH)、盈利能力(ROA)、固定资产比例(TAN),并且本章还控制了企业的治理特征,包括董事会规模(BOARDSIZE)、第一大股东持股比例(CR1)、机构投资者持股比例(INST_HOLD)、产权性质(SOE)和 CEOMTB(CEO 是否是内部董事)。最后,本章还控制了年度和行业固定效应。本章的变量定义如表 6-2 所示。

表 6-2　变量定义

	变量名称	变量符号	定义
被解释变量	投资效率	INV_EFF	以模型(6-1)回归所得残差的绝对值衡量投资效率,该值越大,投资效率越低

续表

	变量名称	变量符号	定义
被解释变量	过度投资	OVER	选取残差大于0的样本，以残差衡量过度投资，该值越大，过度投资程度越高
	投资不足	UNDER	选取残差小于0的样本，以残差绝对值衡量投资不足，该值越大，投资不足程度越高
解释变量	权力差距综合指标1	POWER_SUM	将上述九个权力差距哑变量直接加总，获得权力差距综合指标1
	权力差距综合指标2	POWER_PCA	将上述九个权力差距得分差值，标准化处理后进行主成分分析，取第一主成分作为权力差距综合指标2
	所有权权力差距	POWER_OWN	创始人、持股比例、来自股东单位
	专家权力差距	POWER_EXP	任职年限、高级职称、学术背景
	声望权力差距	POWER_PRE	学历背景、兼任董事数目、政治声望
	持股比例权力差距	POWER_SHA	哑变量，若董事长持股数量超过总经理，则取1，否则为0
	创始人权力差距	POWER_FOU	哑变量，若董事长是创始人，总经理不是创始人，则取1，否则为0
	股东单位权力差距	POWER_ISC	哑变量，若董事长在股东单位任职，总经理不在股东单位任职，或者董事长和总经理均在股东单位任职但是董事长职位高于总经理，则取1，否则为0
	任职年限权力差距	POWER_TEN	哑变量，若董事长任职年限超过总经理，则取1，否则为0
	高级职称权力差距	POWER_PRO	哑变量，若董事长有高级职称，总经理没有高级职称，则取1，否则为0
	学术背景权力差距	POWER_ACA	哑变量，若董事长有学术背景，总经理没有学术背景，则取1，否则为0
	学历背景权力差距	POWER_DEG	哑变量，若董事长学历高于总经理，则取1，否则为0
	兼任董事权力差距	POWER_TCO	哑变量，若董事长兼职其他公司董事数量超过总经理，则取1，否则为0
	政治声望权力差距	POWER_POL	哑变量，若董事长政治声望高于总经理，则取1，否则为0

	变量名称	变量符号	定义
控制变量	企业规模	SIZE	公司总资产的自然对数
	资产负债率	LEV	总负债除以总资产
	现金持有水平	CASH	货币资金/总资产
	盈利能力	ROA	息税前利润/总资产
	固定资产比例	TAN	固定资产净额/总资产
	董事会规模	BOARDSIZE	董事会人数的自然对数
	第一大股东持股比例	CR1	第一大股东持股所占比例
	机构投资者持股比例	INST_HOLD	机构投资者持股比例
	产权性质	SOE	国有企业为1，非国有企业为0
	总经理是否兼任董事	CEOMTB	总经理同时兼任内部董事为1，否则为0

（三）研究模型

借鉴以往文献，本章采用模型（6-2）检验董事长——总经理权力差距对上市公司投资效率的影响：

$$INV\_EFF = \beta_0 + \beta_1 POWER + Controls + \varepsilon \qquad (6-2)$$

模型（6-2）的被解释变量为企业的投资效率（INV_EFF），等于模型（6-1）计算的残差的绝对值。模型（6-2）的解释变量为权力差距（POWER），分别采用权力差距综合指标1（POWER_SUM）以及权力差距综合指标2（POWER_PCA）衡量（变量的详细定义见第四章）。

（四）描述性统计

表6-3是本章主要变量的描述性统计。从表6-3可以看出上市公司普遍存在非效率投资行为，非效率投资（INV_EFF）的均值为0.04，最大值达到0.19。其中，4342个观察值为过度投资样本（OVER），6714个观测值为投资不足样本（UNDER）。权力差距综合指标1（POWER_SUM）的均值为3.05，这表明平均在3个权力指标上董事长比总经理具有绝对权力优势。从所有权权力差距（POWER_OWN）、专家权权力差距（POWER_EXP）和声望权权力差距（POWER_PRE）这三个维度来看，均值分别为1.15、0.82、1.08，样本公司中董事长与总经理在所有权维度上差距最大，声望权维度次之，专家权维度上的差距最

小，该统计结果与现实状况相符。从九个具体权力差距指标的均值可以看出，是否在股东单位任职（POWER_ISC）、任职年限（POWER_TEN）以及兼任其他公司董事的数目（POWER_TCO）这三个指标的均值最高，这说明有超过40%的样本公司中，在该指标上，董事长相比于总经理具有绝对优势。学术背景（POWER_ACA）的均值最低（0.15），表明只有15%的样本公司中董事长具有更强的学术背景。从描述性统计的结果可以看出模型中所有变量均不存在严重的极端值问题。

表 6 – 3　描述性统计

变量	观测值	均值	中位数	标准差	最小值	最大值
INV_EFF	11056	0.04	0.03	0.04	0.00	0.19
OVER	4342	0.05	0.03	0.05	0.00	0.27
UNDER	6714	0.03	0.03	0.03	0.00	0.20
POWER_SUM	11056	3.05	3.00	1.67	0.00	9.00
POWER_PCA	11056	0.02	−0.27	1.36	−5.70	11.12
POWER_OWN	11056	1.15	1.00	0.79	0.00	3.00
POWER_EXP	11056	0.82	1.00	0.80	0.00	3.00
POWER_PRE	11056	1.08	1.00	0.85	0.00	3.00
POWER_SHA	11056	0.34	0.00	0.47	0.00	1.00
POWER_FOU	11056	0.23	0.00	0.42	0.00	1.00
POWER_ISC	11056	0.58	1.00	0.49	0.00	1.00
POWER_TEN	11056	0.44	0.00	0.50	0.00	1.00
POWER_PRO	11056	0.23	0.00	0.42	0.00	1.00
POWER_ACA	11056	0.15	0.00	0.36	0.00	1.00
POWER_DEG	11056	0.30	0.00	0.46	0.00	1.00
POWER_TCO	11056	0.48	0.00	0.50	0.00	1.00
POWER_POL	11056	0.29	0.00	0.46	0.00	1.00
SIZE	11056	22.17	22.00	1.32	19.36	26.16
LEV	11056	0.48	0.48	0.21	0.07	0.98
CASH	11056	0.17	0.14	0.12	0.01	0.60
ROA	11056	0.04	0.03	0.06	−0.18	0.22
TAN	11056	0.25	0.21	0.18	0.00	0.75
BOARDSIZE	11056	0.77	0.79	0.09	0.48	1.00
CR1	11056	0.36	0.33	0.15	0.09	0.75
INST_HOLD	11056	0.42	0.43	0.23	0.01	0.89
SOE	11056	0.54	1.00	0.50	0.00	1.00
CEOMTB	11056	0.89	1.00	0.31	0.00	1.00

（五）相关性检验

表6-4列示了本章主要变量的相关性检验结果，由于变量较多，因此，本章只列示了被解释变量以及主要解释变量之间的相关性。未列示变量之间的相关性系数均较低，不存在严重的多重共线性。从表6-4可以看出，权力差距综合指标1（POWER_SUM）、权力差距综合指标2（POWER_PCA）、所有权权力差距（POWER_OWN）、专家权权力差距（POWER_EXP）和声望权权力差距（POWER_PRE）均与上市公司的投资效率指标（INV_EFF）负相关，与研究假设6-1的预期相一致。

表6-4　主要变量相关性检验

	INV_EFF	POWER_SUM	POWER_PCA	POWER_OWN	POWER_EXP	POWER_PRE
INV_EFF	—	-0.021 **	-0.022 **	-0.022 **	-0.018 *	-0.007
POWER_SUM	-0.024 ***	—	0.575 ***	0.722 ***	0.615 ***	0.653 ***
POWER_PCA	-0.004	0.602 ***	—	0.468 ***	0.445 ***	0.268 ***
POWER_OWN	-0.017 *	0.738 ***	0.531 ***	—	0.285 ***	0.196 ***
POWER_EXP	-0.010	0.633 ***	0.442 ***	0.298 ***	—	0.064 ***
POWER_PRE	-0.021 **	0.651 ***	0.258 ***	0.191 ***	0.063 ***	—

注：矩阵下方为Pearson检验，上方为Spearman检验。***、**和*分别表示相关系数在1%、5%和10%水平下显著（双尾）。

四、实证分析

在对本章的研究假设进行了初步的相关性分析后，本章接下来对权力差距与企业投资效率的关系进行了多元回归分析。

（一）权力差距与投资效率的检验

表6-5报告了研究假设6-1的主要回归结果：董事长—总经理权力差距对

企业投资效率的影响。从表6-5的第（1）~（2）列可以看出，董事长—总经理权力差距综合指标1（POWER_SUM）和权力差距综合指标2（POWER_PCA）的系数分别为-0.001和-0.000，分别在5%和10%水平下显著，表明随着董事长和总经理之间权力差距的增大，公司的非效率投资水平越低，企业投资效率越高，实证结果符合研究假设6-1的预期。接着，将研究样本分为过度投资样本（OVER）以及投资不足样本（UNDER），分别检验董事长—总经理权力差距的影响，检验结果列示在表6-5的第（3）~（6）列。其中，在过度投资样本的检验中，权力差距综合指标1的系数分别为-0.001，在5%水平下显著，权力差距综合指标2的系数为负但不显著，即随着董事长和总经理之间的权力差距的增大，其过度投资程度有所降低。在投资不足样本的检验中，权力差距综合指标1和2的系数均为-0.001，并且均在1%水平下显著，即随着董事长和总经理之间的权力差距的增大，其投资不足程度显著降低。表6-5的检验结果表明，董事长和总经理之间的权力差距可以抑制企业的非效率投资，表现为企业的过度投资水平和投资不足水平降低，企业的投资效率得到显著提高，研究假设6-1得到证实。

表6-5 权力差距与企业投资效率的实证检验

变量	INN_EFF		OVER		UNDER	
	（1）	（2）	（3）	（4）	（5）	（6）
POWER_SUM	-0.001**	—	-0.001**	—	-0.001***	—
	（-2.85）		（-2.03）		（-3.84）	
POWER_PCA	—	-0.000*	—	-0.000	—	-0.001***
		（-1.70）		（-0.78）		（-3.37）
SIZE	-0.003***	-0.003***	-0.001	-0.001	-0.005***	-0.005***
	（-4.86）	（-6.98）	（-1.28）	（-1.38）	（-10.19）	（-10.17）
LEV	0.009***	0.009***	0.003	0.003	0.016***	0.016***
	（3.01）	（3.78）	（0.56）	（0.63）	（5.20）	（5.21）
CASH	-0.012***	-0.012***	-0.049***	-0.049***	0.008**	0.008**
	（-3.08）	（-3.66）	（-6.02）	（-5.98）	（2.05）	（2.12）
ROA	0.029***	0.028***	0.039**	0.038**	0.004	0.004
	（2.89）	（3.37）	（1.99）	（2.19）	（0.46）	（0.45）

续表

变量	INN_EFF		OVER		UNDER	
	(1)	(2)	(3)	(4)	(5)	(6)
TAN	-0.001	-0.001	-0.012**	-0.012**	-0.014***	-0.014***
	(-0.15)	(-0.19)	(-1.96)	(-2.24)	(-4.06)	(-4.08)
BOARDSIZE	-0.012**	-0.012***	-0.017*	-0.018**	-0.012***	-0.013***
	(-2.27)	(-2.95)	(-1.92)	(-2.05)	(-2.69)	(-2.75)
CR1	-0.005	-0.005**	-0.007	-0.007	-0.000	-0.000
	(-1.43)	(-1.98)	(-1.34)	(-1.29)	(-0.06)	(-0.04)
INST_HOLD	-0.000	-0.000	0.001	0.001	-0.003	-0.004*
	(-0.09)	(-0.22)	(0.22)	(0.19)	(-1.52)	(-1.79)
SOE	0.004***	-0.003***	-0.008***	-0.007***	0.002**	0.002**
	(-3.27)	(-3.98)	(-4.39)	(-4.04)	(2.28)	(2.02)
CEOMTB	-0.002	-0.002	-0.003	-0.003	-0.001	-0.001
	(-1.29)	(-1.44)	(-1.30)	(-1.19)	(-0.60)	(-0.67)
Year fixed effects	Yes	Yes	Yes	Yes	Yes	Yes
Ind fixed effects	Yes	Yes	Yes	Yes	Yes	Yes
Cluster	Yes	Yes	Yes	Yes	Yes	Yes
N	11056	11056	4342	4342	6714	6714
Adj. R^2	0.045	0.044	0.035	0.035	0.109	0.108

注：***、**和*分别表示在1%、5%和10%水平下显著（双尾）。

（二）权力差距、薪酬安排与投资效率的检验

本章进一步检验研究假设6-2，权力差距对投资效率的影响是否会受到董事长薪酬安排的影响。本章将上市公司按照董事长薪酬发放模式分为两组，定义PAY=1为董事长在上市公司领取薪酬，定义PAY=0为董事长不在上市公司领取薪酬，表6-6是分组回归检验的结果。从表6-6的结果可以看到，在领取薪酬组（PAY=1），权力差距的系数均显著为负，分别在1%和5%水平下显著，而在非领取薪酬组（PAY=0），权力差距的系数虽然为负，但是不显著。以上结果支持了研究假设6-2，表明董事长—总经理权力差距对投资效率的提高效应受到了董事长薪酬安排的影响，董事长在上市公司领取薪酬时，其改善公司投资效率以及监督的动力更强，因此，权力差距对投资效率的提高效应更为明显。

表6－6　权力差距与企业投资效率——薪酬安排

变量	INV_EFF			
	PAY = 1	PAY = 0	PAY = 1	PAY = 0
POWER_SUM	− 0. 001 ***	− 0. 001	—	—
	（ − 2. 60 ）	（ − 1. 48 ）		
POWER_PCA	—	—	− 0. 001 **	0. 000
			（ − 2. 04 ）	（0. 65）
SIZE	− 0. 002 **	− 0. 003 ***	− 0. 002 **	− 0. 003 ***
	（ − 2. 21 ）	（ − 4. 53 ）	（ − 2. 19 ）	（ − 4. 64 ）
LEV	0. 008 *	0. 008 **	0. 008 *	0. 009 **
	（1. 78）	（1. 97）	（1. 77）	（2. 02）
CASH	− 0. 014 ***	− 0. 012 *	− 0. 013 **	− 0. 011 *
	（ − 2. 64 ）	（ − 1. 85 ）	（ − 2. 58 ）	（ − 1. 84 ）
ROA	0. 037 ***	0. 014	0. 037 ***	0. 014
	（2. 95）	（1. 02）	（2. 93）	（0. 99）
TAN	0. 007	− 0. 012 **	0. 007	− 0. 012 **
	（1. 43）	（ − 2. 08 ）	（1. 44）	（ − 2. 05 ）
BOARDSIZE	− 0. 010	− 0. 019 **	− 0. 010	− 0. 018 **
	（ − 1. 32 ）	（ − 2. 51 ）	（ − 1. 38 ）	（ − 2. 48 ）
CR1	− 0. 006	− 0. 005	− 0. 005	− 0. 005
	（ − 1. 21 ）	（ − 1. 00 ）	（ − 1. 17 ）	（ − 1. 06 ）
INST_HOLD	− 0. 000	− 0. 002	− 0. 001	− 0. 002
	（ − 0. 11 ）	（ − 0. 56 ）	（ − 0. 26 ）	（ − 0. 67 ）
SOE	− 0. 004 ***	− 0. 005 ***	− 0. 004 ***	− 0. 005 ***
	（ − 2. 72 ）	（ − 2. 85 ）	（ − 2. 62 ）	（ − 2. 60 ）
CEOMTB	− 0. 004 *	0. 002	− 0. 004 *	0. 002
	（ − 1. 95 ）	（0. 78）	（ − 1. 94 ）	（0. 93）
Year fixed effects	Yes	Yes	Yes	Yes
Ind fixed effects	Yes	Yes	Yes	Yes
Cluster	Yes	Yes	Yes	Yes
N	6915	4141	6915	4141
Adj. R^2	0. 037	0. 072	0. 036	0. 072

注：***、**和*分别表示在1%、5%和10%水平下显著（双尾）。

（三）权力差距、政府治理类型与投资效率的检验

为检验本章的研究假设 6 - 3，权力差距与投资效率的关系是否受到政府治理类型的影响。本章采用王小鲁等（2017）最新出版的《报告（2016）》中的"政府与市场关系指数"来度量企业所处的政府治理类型，《报告（2016）》的数据截止到 2014 年，由于各地区政府治理类型变化不大，因此采用 2014 年的政府与市场关系指数代替 2015 年和 2016 年各地区的政府与市场关系指数。首先按照样本中位数分为两组，若低于样本中位数，则认为该地区政府过度干预程度较高，GOV 取 1，否则取 0（即该地区指数高于样本中位数，政府干预程度较低），检验结果如表 6 - 7 所示。从分组检验可以看出，当上市公司所处地区受到更强的政府干预时（干预型政府），权力差距对上市公司投资效率的提高效应不再显著，而当上市公司所处的地区受到较弱的政府干预时（规制型政府），权力差距对上市公司投资效率的提高效应仍然存在，表 6 - 7 的结果与研究假设 6 - 3 的预期一致。

表 6 - 7　权力差距与企业投资效率——政府治理类型

变量	INV_EFF			
	GOV = 1	GOV = 0	GOV = 1	GOV = 0
POWER_SUM	- 0. 000	- 0. 001***	—	—
	(- 1. 20)	(- 2. 78)		
POWER_PCA	—	—	- 0. 000	- 0. 001**
			(- 0. 07)	(- 1. 96)
SIZE	- 0. 002***	- 0. 003***	- 0. 002***	- 0. 003***
	(- 3. 32)	(- 4. 73)	(- 3. 41)	(- 5. 92)
LEV	0. 014***	0. 007	0. 014***	0. 007*
	(3. 08)	(1. 39)	(3. 11)	(1. 92)
CASH	- 0. 015**	- 0. 009	- 0. 015**	- 0. 008*
	(- 2. 33)	(- 1. 55)	(- 2. 31)	(- 1. 66)
ROA	0. 039**	0. 029**	0. 038**	0. 029**
	(2. 53)	(2. 08)	(2. 47)	(2. 54)
TAN	- 0. 010*	0. 004	- 0. 010*	0. 003
	(- 1. 73)	(0. 60)	(- 1. 73)	(0. 82)

续表

变量	INV_EFF			
	GOV = 1	GOV = 0	GOV = 1	GOV = 0
BOARDSIZE	-0.012	-0.008	-0.013	-0.009
	(-1.36)	(-1.07)	(-1.41)	(-1.32)
CR1	-0.006	-0.003	-0.006	-0.003
	(-1.09)	(-0.53)	(-1.07)	(-0.74)
INST_HOLD	-0.003	0.003	-0.003	0.002
	(-0.81)	(0.82)	(-0.84)	(0.82)
SOE	-0.005***	-0.003	-0.004**	-0.003**
	(-2.68)	(-1.64)	(-2.51)	(-1.96)
CEOMTB	-0.001	-0.002	-0.001	-0.002
	(-0.37)	(-1.02)	(-0.30)	(-1.26)
Year fixed effects	Yes	Yes	Yes	Yes
Ind fixed effects	Yes	Yes	Yes	Yes
Cluster	Yes	Yes	Yes	Yes
N	5636	5420	5636	5420
Adj. R^2	0.045	0.044	0.045	0.042

注：***、**和*分别表示在1%、5%和10%水平下显著（双尾）。

（四）进一步分析

1. 区分权力差距的三个维度

表6-5的实证结果表明董事长—总经理之间的权力差距可以提高企业的投资效率，体现在改善企业的投资不足以及抑制企业过度投资行为。在上述分析的基础上，本章进一步区分董事长—总经理权力差距的不同维度，将董事长—总经理权力差距分为三个维度：所有权权力差距（POWER_OWN）、专家权权力差距（POWER_EXP）和声望权权力差距（POWER_PRE），分别与上市公司投资效率进行回归，然后再将三个维度权力差距同时放入模型中，考察不同维度对企业投资效率的影响。模型中均控制了其他可能影响企业投资效率的变量以及年度和行业固定效应。

表6-8展示了权力差距三个维度与企业投资效率的影响。从表6-8的回归

结果可以看出，单独将所有权权力差距、专家权权力差距以及声望权权力差距放入模型中时，除专家权权力差距系数为负但不显著外，所有权权力差距和声望权权力差距的系数均显著为负，这表明随着董事长—总经理所有权权力差距以及声望权权力差距的增大，上市公司非效率投资水平越低。在第（4）列中，本书将三个维度的权力差距同时放入模型中，所有权权力差距和声望权权力差距的系数仍然显著为负。表6-8的结果表明，在权力差距的三个维度上，首先是声望权权力差距对上市公司投资效率的影响最大，其次是所有权权力差距，最后是专家权权力差距对企业的投资效率没有显著影响。

表6-8　权力差距与企业投资效率——分为三个维度

变量	INV_EFF			
	（1）	（2）	（3）	（4）
POWER_OWN	-0.001**	—	—	-0.001*
	（-2.06）			（-1.79）
POWER_EXP	—	-0.001	—	-0.000
		（-1.17）		（-0.61）
POWER_PRE	—	—	-0.001**	-0.001**
			（-2.23）	（-2.34）
SIZE	-0.003***	-0.003***	-0.003***	-0.003***
	（-5.00）	（-5.14）	（-5.15）	（-6.92）
LEV	0.009***	0.010***	0.010***	0.009***
	（3.08）	（3.14）	（3.16）	（3.82）
CASH	-0.011***	-0.011***	-0.011***	-0.011***
	（-2.85）	（-2.86）	（-2.85）	（-3.48）
ROA	0.029***	0.028***	0.028***	0.029***
	（2.93）	（2.83）	（2.86）	（3.46）
TAN	-0.000	-0.001	-0.000	-0.000
	（-0.05）	（-0.13）	（-0.12）	（-0.12）
BOARDSIZE	-0.012**	-0.013**	-0.012**	-0.012***
	（-2.29）	（-2.34）	（-2.27）	（-2.83）
CR1	-0.005	-0.005	-0.005	-0.005*
	（-1.44）	（-1.46）	（-1.35）	（-1.90）

续表

变量	INV_EFF			
	（1）	（2）	（3）	（4）
INST_HOLD	− 0.000	− 0.000	− 0.000	− 0.000
	（− 0.10）	（− 0.10）	（− 0.03）	（− 0.07）
SOE	− 0.003 ***	− 0.003 ***	− 0.003 ***	− 0.004 ***
	（− 3.12）	（− 2.93）	（− 3.06）	（− 4.27）
CEOMTB	− 0.002	− 0.002	− 0.002	− 0.002
	（− 1.15）	（− 1.17）	（− 1.11）	（− 1.49）
Year fixed effects	Yes	Yes	Yes	Yes
Ind fixed effects	Yes	Yes	Yes	Yes
Cluster	Yes	Yes	Yes	Yes
N	11056	11056	11056	11056
Adj. R^2	0.044	0.044	0.044	0.044

注：***、**和*分别表示在1%、5%和10%水平下显著（双尾）。

2. 区分权力差距的九个具体指标

在检验了权力差距的三个维度对企业投资效率的影响后，本章还将权力差距的九个具体指标分别对投资效率的影响进行回归，回归结果如表6−9所示。从表6−9可以看到持股比例、是否为创始人、学术背景、兼任董事数量以及政治声望这五个变量的系数均为负，并且显著。这说明在抑制企业非效率投资方面，上述五个权力差距指标发挥了显著作用。表6−9的实证结果表明，不同的权力差距指标其对投资效率的作用不同。

表6−9　权力差距与企业投资效率——分为九个指标

变量	INV_EFF								
	（1）	（2）	（3）	（4）	（5）	（6）	（7）	（8）	（9）
POWER_SHA	− 0.002 **	—	—	—	—	—	—	—	—
	（− 2.04）								
POWER_FOU	—	− 0.002 **	—	—	—	—	—	—	—
		（− 2.14）							
POWER_ISC	—	—	0.000	—	—	—	—	—	—
			（0.02）						

续表

变量	INV_EFF								
	(1)	(2)	(3)	(4)	(5)	(6)	(7)	(8)	(9)
POWER_TEN	—	—	—	0.000 (0.22)	—	—	—	—	—
POWER_PRO	—	—	—	—	-0.001 (-0.69)	—	—	—	—
POWER_ACA	—	—	—	—	—	-0.003** (-2.13)	—	—	—
POWER_DEG	—	—	—	—	—	—	-0.000 (-0.28)	—	—
POWER_TCO	—	—	—	—	—	—	—	-0.001* (-1.82)	—
POWER_POL	—	—	—	—	—	—	—	—	-0.002** (-2.36)
Controls	Yes	Yes	Yes	Yes	Yes	Yes	Yes	Yes	Yes
N	11056	11056	11056	11056	11056	11056	11056	11056	11056
Adj. R^2	0.044	0.044	0.044	0.044	0.044	0.044	0.044	0.044	0.044

注：***、**和*分别表示在1%、5%和10%水平下显著（双尾）。

（五）稳健性检验

1. 被解释变量的替代度量

对权力差距与企业投资行为的关系进行了进一步的分析后，本章对模型（6-2）的回归结果进行了稳健性检验。借鉴 Richardson（2006），采用模型（6-3）计算上市公司的期望投资水平，根据该回归模型估计出的残差并取绝对值（INV_EFF$_1$）作为被解释变量的替代变量来度量企业的非效率投资，该值越大，表明企业的非效率投资越多，企业的投资效率越低。

$$INV_t = \alpha_0 + \alpha_1 TOBINQ_{t-1} + \alpha_2 LEV_{t-1} + \alpha_3 CASH_{t-1} + \alpha_4 AGE_{t-1} + \alpha_5 SIZE_{t-1} +$$
$$\alpha_6 RET_{t-1} + \alpha_7 INV_{t-1} + \varepsilon_t \tag{6-3}$$

其中，INV$_t$ 为企业第 t 年的投资规模（固定资产净额、长期股权投资净额和无形资产的增加额，除以期初固定资产净额），TOBINQ$_{t-1}$ 表示企业第 t-1 年的成长机会，LEV_{t-1} 为企业第 $t-1$ 年的负债率，$CASH_{t-1}$ 为企业第 $t-1$ 年的现金持有（货币资金/总资产），AGE_{t-1} 为企业第 $t-1$ 年的上市年限（取自然对数），$SIZE_{t-1}$ 为企业第 $t-1$ 年的规模（取总资产的自然对数），RET_{t-1} 为企业第 $t-1$ 年股票的年回报率（考虑现金红利再投资），INV_{t-1} 为企业第 $t-1$ 年的投资规模（固定资产净额、长期股权投资净额和无形资产的增加额，除以期初固定资产净额）。另外，模型（6-3）中还控制了企业所在的行业和年度固定效应。

采用 Richardson（2006）估计的企业非效率投资（INV_EFF_1）代替模型（6-2）中的被解释变量，对研究假设进行数据回归，其结果如表 6-10 所示。从表 6-10 的回归结果可以看到，权力差距综合指标 1（POWER_SUM）和权力差距综合指标 2（POWER_PCA）的系数分别为 -0.038 和 -0.040，均在 1% 水平下显著。这表明，采用新的投资模型衡量企业的投资效率后，权力差距对企业投资效率仍然具有显著影响，随着权力差距的增大，企业非效率投资更少，企业的投资效率更高。

表 6-10　被解释变量的替代度量

变量	INV_EFF_1	
	(1)	(2)
POWER_SUM	-0.038 ***	—
	(-4.18)	
POWER_PCA	—	-0.040 ***
		(-3.42)
SIZE	-0.066 ***	-0.066 ***
	(-3.53)	(-3.48)
LEV	0.416 ***	0.415 ***
	(3.09)	(3.06)
CASH	0.238	0.249
	(1.46)	(1.53)
ROA	1.162 ***	1.146 ***
	(3.17)	(3.14)
TAN	-0.653 ***	-0.652 ***
	(-4.96)	(-4.96)

变量	INV_ EFF$_1$	
	（1）	（2）
BOARDSIZE	-0.724***	-0.741***
	（-3.76）	（-3.84）
CR1	0.228	0.223
	（1.57）	（1.53）
INST_ HOLD	-0.318***	-0.338***
	（-3.60）	（-3.81）
SOE	-0.133***	-0.138***
	（-3.26）	（-3.32）
Year fixed effects	Yes	Yes
Ind fixed effects	Yes	Yes
Cluster	Yes	Yes
N	10322	10322
Adj. R^2	0.141	0.141

注：***、**和*分别表示在1%、5%和10%水平下显著（双尾）。

2. 解释变量的替代度量

（1）借鉴 Beck 和 Mauldin （2014） 对 CFO 权力的度量方法，将董事长和总经理的九个权力指标按年度—行业排序，分为四组，从大到小依次赋值 4～1，然后将董事长和总经理的九个权力指标排序得分加总，得到董事长和总经理各自的权力排序得分，最后，将董事长权力排序得分减去总经理权力排序得分，计算董事长与总经理权力差距（POWER_DUM）。这样的度量方法在一定程度上消除了年度和行业对权力度量的影响。

（2）借鉴 Krause 等 （2015） 的方法，将董事长和总经理的九个权力指标标准化，然后加总分别得到董事长和总经理个人的权力得分，最后相减计算董事长与总经理权力差距（POWER_STD）。

更换权力差距核心变量的稳健性检验结果如表 6-11 所示。回归结果显示，权力差距指标 POWER_DUM 和 POWER_STD 的系数均为负，且均在 5% 水平下显著。这表明，使用 Beck 和 Mauldin （2014） 以及 Krause 等 （2015） 的方法重新度量权力差距后，其对企业投资效率的影响依然成立，证明了本章研究结论的稳健性。

表 6-11 解释变量的替代度量

变量	INV_EFF	
	(1)	(2)
POWER_DUM	-0.000 **	—
	(-2.01)	
POWER_STD	—	-0.000 **
		(-2.63)
SIZE	-0.003 ***	-0.003 ***
	(-7.41)	(-6.80)
LEV	0.009 ***	0.009 ***
	(4.25)	(3.71)
CASH	-0.012 ***	-0.012 ***
	(-3.44)	(-3.48)
ROA	0.027 ***	0.027 ***
	(3.75)	(3.18)
TAN	-0.001	-0.001
	(-0.31)	(-0.28)
BOARDSIZE	-0.013 ***	-0.013 ***
	(-3.06)	(-2.91)
CR1	-0.005 *	-0.005 *
	(-1.94)	(-1.93)
INST_HOLD	0.000	-0.000
	(0.08)	(-0.07)
SOE	-0.003 ***	-0.003 ***
	(-3.93)	(-4.07)
CEOMTB	-0.002	-0.002
	(-1.53)	(-1.50)
Year fixed effects	Yes	Yes
Ind fixed effects	Yes	Yes
Cluster	Yes	Yes
N	11056	11056
Adj. R^2	0.042	0.043

注：*** 、** 和 * 分别表示在 1%、5% 和 10% 水平下显著（双尾）。

3. 时滞效应

模型（6-2）采用同一期数据进行回归，发现上市公司董事长—总经理的权力差距具有提高企业投资效率的作用。由于企业的投资政策存在滞后实施的可能性，因此本章将当年董事长—总经理权力差距与后一期企业投资效率（INV_EFF$_{t+1}$）进行回归，回归结果如表6-12所示。表6-12的结果显示，权力差距综合指标1（POWER_SUM）和权力差距综合指标2（POWER_PCA）的系数均为-0.001，分别在1%和5%水平下显著，时滞效应的检验结果证实了研究假设6-1的稳健性。

表6-12　时滞效应检验

变量	INV_EFF$_{t+1}$	
	(1)	(2)
POWER_SUM	-0.001***	—
	(-3.25)	
POWER_PCA	—	-0.001**
		(-1.99)
SIZE	-0.003***	-0.003***
	(-5.01)	(-7.09)
LEV	0.011***	0.011***
	(3.25)	(4.04)
CASH	-0.013***	-0.013***
	(-3.02)	(-3.54)
ROA	0.031***	0.030***
	(2.81)	(3.29)
TAN	-0.001	-0.001
	(-0.16)	(-0.20)
BOARDSIZE	-0.011**	-0.011**
	(-2.03)	(-2.52)
CR1	-0.004	-0.004
	(-0.94)	(-1.28)
INST_HOLD	0.001	0.001
	(0.36)	(0.34)

续表

变量	INV_EFF$_{t+1}$	
	(1)	(2)
SOE	-0.004***	-0.004***
	(-3.44)	(-4.21)
CEOMTB	-0.002	-0.002
	(-1.40)	(-1.57)
Year fixed effects	Yes	Yes
Ind fixed effects	Yes	Yes
Cluster	Yes	Yes
N	9229	9229
Adj. R^2	0.050	0.049

注：＊＊＊、＊＊和＊分别表示在1%、5%和10%水平下显著（双尾）。

4. 内生性问题——Heckman 两阶段

由于上市公司董事长和总经理的选择和任命可能受到公司自身特征以及其他不可观测因素的影响，因此董事长和总经理形成的权力差距与企业投资决策可能存在自选择偏差。为了解决这一内生性问题，本章使用 Heckman 两阶段模型对本章的主要研究假设 6 - 1 进行检验。Heckman 模型的第一阶段的目的是选取可能影响权力差距变量发生概率的因素对权力差距变量进行拟合，第一阶段的被解释变量往往是虚拟变量。因此，作者首先设置权力差距大（LARGE）这一虚拟变量，当公司董事长—总经理权力差距指标大于样本均值时，则认为权力差距较大，LARGE 取 1，否则取 0。在模型的第一阶段中，本章以权力差距大（LARGE）为被解释变量进行 Probit 回归，选取可能影响董事长—总经理权力差距形成的因素：公司规模（SIZE）、董事会规模（BOARDSIZE）、第一大股东持股比例（CR1）、独立董事比例（INDEN）、股权制衡度（Z，第一大股东与第二大股东持股比例的比值）、上市年限（AGE）、产权性质（SOE）、同行业同年度权力差距均值（AVGPOWER）、董事长年龄（CHAIRAGE）以及行业和年度固定效应。第一阶段使用的 Probit 模型如下：

$$\text{Probit}(\text{LARGE}=1) = \beta_0 + \beta_1 \text{SIZE} + \beta_2 \text{BOARDSIZE} + \beta_3 \text{CR1} + \beta_4 \text{INDEN} +$$
$$\beta_5 Z + \beta_6 \text{AGE} + \beta_7 \text{SOE} + \beta_8 \text{AVGPOWER} + \beta_9 \text{CHAIRAGE} + \varepsilon$$

$$(6-4)$$

根据模型（6-4）回归的结果得出逆米尔斯比率（IMR）作为控制变量代入第二阶段的回归模型（6-2）中。Heckman检验的回归结果如表6-13所示。从Heckman第二阶段的结果可以看出，加入逆米尔斯比率（IMR）后，在总样本中，权力差距的系数仍然显著为负，说明考虑内生性问题后，权力差距仍然对企业非效率投资有一个显著负向抑制作用。在将样本分为过度投资和投资不足两组时，权力差距的回归系数也依然显著为负，这说明控制内生性问题后，权力差距对企业过度投资以及投资不足有一个负向的抑制作用。Heckman两阶段的回归结果与本章的研究结论相一致。

表6-13　两阶段回归结果

Heckman 第一阶段	因变量为 LARGE	
	回归系数	t 值
SIZE	0.096 ***	6.93
BOARDSIZE	0.230	1.09
CR1	− 0.370 ***	− 3.76
INDEN	0.240	0.88
Z	0.003 ***	3.40
AGE	− 0.021 ***	− 6.91
SOE	− 0.344 ***	− 5.04
AVGPOWER	0.565 ***	4.35
CHAIRAGE	0.031 ***	12.42
Year fixed effects	Yes	
Ind fixed effects	Yes	
N	11056	
Pseudo R^2	0.060	

续表

Heckman 第二阶段	INV_EFF	OVER	UNDER
	(1)	(2)	(3)
POWER_SUM	-0.001***	-0.002***	-0.001***
	(-3.93)	(-2.78)	(-3.72)
IMR	0.002**	0.003**	0.002
	(2.28)	(1.98)	(1.51)
Controls	Yes	Yes	Yes
Year fixed effects	Yes	Yes	Yes
Ind fixed effects	Yes	Yes	Yes
N	11056	4342	6713
Adj. R^2	0.045	0.037	0.110

注：***、**和*分别表示在1%、5%和10%水平下显著（双尾）。

5. 内生性问题——工具变量法

为了进一步解决本章研究结论存在的内生性问题，本章还利用工具变量法，引入同行业同年度董事长—总经理权力差距的平均值（AVGPOWER）和权力差距的滞后一期变量（$POWER_{t-1}$），对本章的主要研究假设 6 - 1 进行回归检验。第一阶段，利用 AVGPOWER 和 $POWER_{t-1}$ 以及其他控制变量对权力差距（POWER_SUM）进行回归，求出权力差距的拟合值。第二阶段，利用第一阶段计算出来的权力差距拟合值以及其他控制变量对投资效率进行回归。2SLS 两阶段工具变量的回归结果如表 6 - 14 所示。从工具变量第二阶段的结果可以看出，权力差距在投资效率模型中（INV_EFF）的系数仍然显著为负，在过度投资和投资不足样本中也依然显著为负，说明采用工具变量法解决内生性问题后，权力差距仍然对企业非效率投资有抑制作用。并且，本章也对该模型进行了是否存在过度识别以及弱工具变量的检验。结果显示，过度识别的 P 值大于 0.01，接受原假设，即所有工具变量均为外生，工具变量不存在过度识别问题。弱工具变量的检验显示，F 值较大，拒绝原假设，即不存在弱工具变量。工具变量法的回归结果与本章的研究结论相一致。

表6-14　工具变量法回归结果

变量	第一阶段		第二阶段	
	POWER_SUM	INV_EFF	OVER	UNDER
POWER_SUM	—	-0.001**	-0.001**	-0.001***
		(-3.84)	(-2.53)	(-3.59)
AVGPOWER	0.348***	—	—	—
	(3.91)			
POWER$_{t-1}$	0.821***	—	—	—
	(13.54)			
SIZE	0.020**	-0.003***	-0.002**	-0.005***
	(2.06)	(-7.40)	(-2.03)	(-13.54)
LEV	-0.086	0.011***	0.008	0.016***
	(-1.40)	(4.60)	(1.38)	(7.75)
CASH	-0.032	-0.013***	-0.045***	0.005
	(-0.34)	(-3.59)	(-5.30)	(1.56)
ROA	0.499**	0.031***	0.042**	-0.001
	(2.43)	(3.93)	(2.30)	(-0.18)
TAN	0.057	-0.001	-0.010*	-0.015***
	(0.80)	(-0.22)	(-1.68)	(-5.74)
BOARDSIZE	0.224**	-0.011**	-0.015*	-0.010**
	(1.98)	(-2.44)	(-1.66)	(-2.50)
CR1	-0.055	-0.004	-0.005	0.002
	(-0.75)	(-1.29)	(-0.82)	(0.83)
INST_HOLD	0.063	0.001	0.003	-0.002
	(1.18)	(0.48)	(0.65)	(-1.30)
SOE	-0.172***	-0.004***	-0.009***	0.002***
	(-7.49)	(-4.63)	(-4.76)	(2.85)
CEOMTB	-0.157***	-0.003*	-0.004*	-0.001
	(-4.71)	(-1.92)	(-1.67)	(-0.74)
Year fixed effects	Yes	Yes	Yes	Yes
Ind fixed effects	Yes	Yes	Yes	Yes
N	9229	9229	3623	5606
Pseudo R²	0.688	0.053	0.052	0.117
过度识别检验	—	0.3094	0.8636	0.3077
弱工具变量检验	—	9212***	4009***	5213***

注：***、**和*分别表示在1%、5%和10%水平下显著（双尾）。

五、本章小结

投资作为上市公司的重要经济行为之一，是企业价值创造和持续发展的重要源泉，投资活动的效率直接关系到公司的发展和价值创造，因此，如何建立有效的高管团队及其权力配置帮助企业提高投资效率是企业关心的重要话题。董事长和总经理是上市公司投资行为的最高决策者，其两者之间的权力配置以及互动会影响企业的决策过程，那么是否也会对企业的投资行为产生影响？以 2009～2016 年董事长和总经理"两职分离"的上市公司为研究样本，本章对董事长—总经理权力差距与上市公司投资行为——投资效率的关系进行了检验，得出以下结论。

首先，董事长和总经理权力差距与上市公司非效率投资呈负相关关系。随着上市公司董事长—总经理权力差距的增大，高管团队内部可以形成更加稳定的秩序，团队内冲突更少，上下级之间形成良好的沟通和互动，进而有利于企业做出科学合理的投资决策，并且可以优化公司治理水平，降低经理人自利行为，减少操作性失误，提高执行效率，最终有利于缓解企业过度投资和投资不足问题，提高企业的投资效率。根据权力的不同维度，本章还探究了所有权权力差距、专家权权力差距以及声望权权力差距对投资效率的影响，研究发现，上述三个权力差距维度都会对企业投资效率产生影响，并且声望权权力差距的影响最大，所有权权力差距的影响次之，而专家权权力差距没有显著影响。本章对上述结论进行了稳健性检验和内生性测试，结论依然成立。

其次，本章进一步探讨董事长的薪酬机制和政府治理类型对权力差距与投资效率之间关系的影响。研究发现，第一，当上市公司董事长在上市公司领取薪酬时，其改善公司投资效率以及价值的动力更强，因此，董事长—总经理权力差距对投资效率的影响更为明显。第二，当企业所处的地区政府干预水平较低时（规制型政府），董事长—总经理权力差距对企业投资效率的作用不会受到政府过度干预的影响，因此权力差距与投资效率之间的关系更加明显。

第七章　董事长—总经理权力差距与企业创新研究

一、引言

创新是企业发展和经济增长的重要驱动力，尤其是在 2015 年"两会"政府报告中，李克强总理强调"大众创业、万众创新"成为新常态下经济发展的"双引擎"之一以来，企业创新成为学术界、各级政府和企业界关心的重要现实问题，关注企业创新活动也成为近几年的研究热点。以往的文献主要基于企业的所有权结构（吴延兵，2012；李文贵和余明桂，2015；鲁桐和党印，2014）、激励机制（李春涛和宋敏，2010；唐清泉等，2011；俞鸿琳和张书宇，2016）、会计信息（钟宇翔等，2017）、董事会特征与权力（冯根福和温军，2008；胡元木和纪端，2017）、高管特征与权力（卫旭华等，2015；傅晓等，2012；李婧等，2010；王清和周泽将，2015；易靖韬等，2015；朱焱和张孟昌，2013）以及外部治理机制（杨道广等，2017；颉茂华等，2014）等方面对企业创新的影响因素展开研究，却少有文献直接关注高管团队的有效性对企业创新的影响。企业的高管团队作为企业创新活动的主要负责人，其团队的稳定性以及互动关系直接影响团队的整体效率，并且对企业的创新产生至关重要的影响。

已有文献基于高阶理论研究发现，不同特征的管理者的行为是存在差异的（Hambrick and Mason，1984），高管团队的特征（年龄、性别、受教育程度等）会影响团队的决策和效率。随后的研究学者考虑了团队内成员之间的互动，并且探究了团队互动对企业行为的影响，形成高管团队垂直对研究。所谓的垂直对是指由公司上司和下属的职位层级差异所形成的关系。已有高管团队垂直对的相关研究发现管理团队中上下级之间的互动会对企业的决策产生重要影响。高管团队垂直对之间的人口特征差异符合社会规范时，组织成员之间互动更加良好，例如，更年长的领导与更年轻的下属，可以降低高管离职率（张龙和刘洪，2006）、提高内部控制质量（李端生和周虹，2016）、抑制管理者的盈余管理行为（何威风，2015）等。除了高管的人口特征之外，高管团队成员的权力配置也是影响高管团队互动以及高管决策的重要因素（卫旭华等，2015；张建君和张闫龙，2016）。

从创新活动的持续性角度看，稳定且互动良好的高管团队具有稀缺性以及难以模仿性，是促进企业可持续发展的核心竞争力（李坤鹏，2018），也是企业创新活动可持续性的重要保障。稳定的高管团队具有较高的整合能力以及丰富的人力资本，并且可以形成良好的工作氛围和互动模式，而这些则是企业创新活动的稳固基石。企业的创新活动具有周期长、风险大的特点，因此更加需要稳定和谐的高管团队。已有研究发现，相比于其他高管而言，在中国上市公司中，董事长和总经理对公司战略和经营决策具有决定性的影响（宋德舜，2004）。董事长作为企业的"一把手"，享有最高决策权，是股东权益的最高代表，而总经理是由董事会聘任，对董事会负责，是公司战略的实际执行者，相当于企业的"二把手"。董事长和总经理分别代表公司股东和管理者利益，是公司两种主要权力的集中体现（何威风等，2015）。因此，对于上市公司来说，董事长和总经理之间的互动和配合对于企业的经营发展具有非常重要的意义。而以往的研究只关注了董事长和总经理两职之间的简单人口特征，如性别、年龄等，却忽视了两者之间的具体权力特征。权力是组织成员互动的基础，拥有权力意味着拥有对企业资源的控制和分配，也意味着执行自身意愿的能力（Finkelstein，1992），进而会影响高管之间的沟通和互动，最终影响企业的决策。因此，在"两职分离"状态下，怎样的董事长和总经理权力配置可以提高企业高管团队的有效性，从而提高企业的创新活动是本章关注的重点。

基于上述分析，本章以 2009～2016 年"两职分离"的上市公司为研究对象，探讨了董事长—总经理之间的权力差距对企业创新的影响，并从企业内外部因素进一步考察权力差距与企业绩效之间的逻辑关系。本章的结构安排如下：首先，在相关理论的基础上提出本章的研究假设；其次，构建本章研究的模型以及对相关变量进行定义；再次，对研究假设进行实证检验，包括描述性统计、单变量分析和多元回归分析；从次，对研究模型采取替换关键变量、时滞效应检验以及工具变量法进行稳健性检验，进一步验证研究结论的稳健性；最后，总结归纳本章得出的结论。

二、理论分析与假设提出

权力在组织运营和管理过程中居于中心地位（李胜楠和牛建波，2014），组织中的成员通过正式的或非正式的权力对组织资源进行分配，从而影响组织中其他成员的行为。与西方社会不完全相同，权力在中国有着更加特殊的意义，这与中国的文化环境和社会规范有着非常密切的关系。中国是一个文化底蕴深厚的国家，几千年来深受儒家文化的熏陶，儒家文化讲究"长幼有序，尊卑有别"，"君臣之礼"，即在家族中要有长幼、辈分之分，在朝廷中要有君臣之分，这种严格的等级观念已经成为一种制度或社会规范在制约着人们的行为，也由此形成了高权力距离社会。由于儒家等级观念对人们的影响深远，人们对于权力会更加敏感，对于权威人物也更倾向于服从和保持良好的关系。因此，权力等级在中国已经形成了一种非常重要的非正式制度，对社会、文化和经济发展都有重要影响。权力等级的存在对企业的决策行为同样会产生影响。职位决定了个体在组织中的正式角色（Brew and David，2004）。一般情况下，董事长作为公司的"一把手"，对企业的创新决策负有主要责任，总经理作为管理层以及执行层的代表，同样对于创新决策具有重要影响。两者之间具有明确的职位权力差异，然而高管个人特征，如社会关系、经验、能力等带来的影响同样会形成个体的权力，进而对两者之间的互动产生影响。基于此，本章关注董事长—总经理除职位权力以外的高管权力是否以及如何影响企业的创新活动，拟从社会规范理论、组织等级理论、委托代理理论和管理层权力理论出发加以探讨。

首先，董事长和总经理之间存在一定的权力差距符合中国的社会规范，从而可以维持团队秩序和稳定，减少创新决策制定时不必要的冲突。社会规范理论认为，社会之所以可以稳定地发展是因为人们共同认可以及遵守一定的标准，如果成员违反社会规范，则会受到群体的排斥和惩罚。不同文化之间的社会规范也存在不同。在中国，上下级之间一定的权力差距会被认为是符合社会规范的，在符合社会规范的情形下，下属不会对上级的职位、权力和利益产生明显的威胁（张龙和刘洪，2009）；对于上级来讲，没有威胁的下属更受领导的喜欢，领导可以给予下属更高的考核评分，此时领导团队更为和谐，冲突更少。而当上下级权力差距不符合社会规范时，容易造成团队的冲突和摩擦，如张龙和刘洪（2009）发现，当下属比上级领导更年长、任职时间更长以及受教育程度更高时，下属的离职率更高。因此，基于社会规范理论，本章认为董事长和总经理之间存在权力差距，即在企业中，除了职位权力外，董事长在其他权力维度也优于总经理时更符合中国的社会规范，有利于团队秩序的保持，而这种稳定和谐的组织环境可以产生积极的效果。创新活动有利于企业的长期发展，对企业价值和股东价值具有促进作用，因此，当高管团队成员之间形成稳定的秩序以及良好的互动时，上级会做出更客观、更有利于推动企业创新决策的考核机制，以及通过建立科学合理的晋升、薪酬激励等抑制经理人的机会主义行为，提高经理人与企业利益的一致性，提高经理人的创新投入意愿，同时下属也会更加努力工作，最终可以推动企业做出有利于提升企业价值的决策，提高企业的创新投入和效率。

其次，董事长和总经理之间存在一定的权力差距可以促进高管角色分化，提升沟通和工作效率，进而提高企业创新投入和实施。根据组织等级理论，组织中的成员由于正式的（职位）或者非正式的（能力、声望等）因素而存在一定的等级排序。这种等级排序造成了组织成员的资源不平等分配，一方面可能造成组织成员的不公平感，从而影响企业的目标实现（Anderson and Kennedy，2012）；另一方面，等级排序也会给企业带来某些积极的后果，如等级排序有利于高管角色分化，从而促进企业内部的明确分工（Halevy et al.，2011），这可以有效地提高成员之间的沟通和工作效率（Anderson and Brown，2010），进而影响企业的创新强度（卫旭华等，2015）。因此，当企业中的最高领导者董事长和总经理之间存在一定的权力差距时，董事长和总经理之间会有更明确的分工，如董事长负责创新战略的制定，总经理负责创新战略的执行，不会造成两者之间的分工混乱以及过多的干涉，可以有效避免由于权力平等导致决策过程漫长，降低创新决策效率。相反，当董事长和总经理之间权力差距较小或不存在权力差距时，很可能引发身份冲突，而身份冲突不利于成员之间的合作以及信息共享（Bendersky and Hays，2012），最终不利于企业创新决策的制定。

最后，董事长和总经理之间的权力差距可以进一步保障"两职分离"机制发挥有效的监督作用。由于道德风险和逆向选择的存在，即使是"两职分离"的公司，总经理受到董事会以及董事长的监督，仍然存在监督无效以及执行不到位的问题。而本书认为两职之间的权力差距可以进一步减少经理人的自利行为和机会主义行为。根据委托代理理论，作为代理人的总经理具有利己的特质，他们可能更注重短期业绩和利益，尤其是在其薪酬与短期业绩考核挂钩时。总经理进行创新投入，既存在很高的不确定性，又存在较长的投资周期，这很难在短期内提升企业业绩，因此，总经理并不愿意进行创新投入。如果董事长在企业不仅拥有职位上的优势，而且能够拥有足够的权威，那么董事长就能够对总经理实施更为有效的监督，降低总经理的利己行为，促使经理人进行研发投入和企业创新，并且提高执行效率，以实现股东财富最大化。

基于上述分析，董事长和总经理之间存在权力差距可以保持团队的秩序和稳定，形成良好的互动和沟通，提高决策和实施效率，并且进一步保障监督机制的有效发挥，最终有利于促进企业的创新。因此，本章提出研究假设7-1：

假设7-1：董事长—总经理的权力差距越大，企业创新意愿和创新强度越高。

对中国企业来说，产权性质是一个非常重要的企业特征，中国存在国有企业和非国有企业，两类企业的产权性质不同，导致两类企业的经营目标、委托代理问题、经理人选拔机制、考核机制等方面存在显著差异。董事长和总经理之间的权力差距通过促进高管之间的互动以及改善公司治理来促进企业创新决策的制定。而在不同的产权性质下，高管监督和改善公司价值的动力不同，因此权力差距对企业创新决策的作用也会产生差异。一方面，国有企业由于大股东缺位，导致国有企业的委托代理问题更加严重，国有企业对于高管的考核往往与社会责任相挂钩（刘青松和肖星，2015），因此企业高管通过研发创新进而提升企业长期价值的动力不足，那么即使是董事长与总经理之间存在权力差距，也可能由于董事长本身创新动力不足以及监督动力不足而无法有效发挥作用。另一方面，国有企业董事长和总经理的人事任免权和考核评价由国资委负责。也就是说，在国有企业，董事长无法通过人事任免以及考核来约束和监督总经理，因此在国有企业董事长对经理人的监督能力不够。反之，相对于国有企业，非国有企业更少出现"大股东缺位"，因此股东和董事会有更强的激励来改善公司价值，董事长有更强的动力和压力进行创新以及监督总经理；同时在非国有企业中，董事会负责人事任免、薪酬激励以及考核评价，董事长作为董事会的第一负责人，当其在企业中具有较高的话语权和控制权时，可以通过科学合理的制度安排更有效地监督和激励经理人，使其作出更有利于股东利益最大化的决策，从而提高企业创新。因此，在非国有企业中，董事长—总经理权力差距的创新促进效应更为明显。综合以上分析，本章提出研究假设7－2：

假设7－2：相对于国有企业，非国有企业董事长—总经理权力差距对创新的影响更强。

根据组织等级理论，董事长—总经理之间的权力差距有利于高管角色分化，促进企业内部明确的分工（Halevy et al.，2011），避免由于谁也说服不了谁而导致决策缓慢的情况，从而有利于企业创新决策的制定和实施。而企业的股权结构同样会对企业的决策效率和执行产生影响。当企业存在较为集中的股权结构时，企业的决策效率更高，而当企业股权较为分散时，可能出现董事会决策进程缓慢的情况。因此，在股权较为分散的企业，当企业由于创新决策产生冲突，无法推动时，董事长—总经理之间的权力差距可以使两者之间的分工明确，董事长主要负责创新决策的制定，而总经理主要负责创新决策的执行，从而提高企业创新决策的效率，加大企业的创新投入。因此，本章提出研究假设7－3：

假设7－3：当企业股权较为分散时，董事长—总经理权力差距对企业创新的影响更明显。

在上市公司的薪酬制度中，存在一个特殊的制度安排，即很多公司的董事并不在上市公司领取薪酬，包括董事长。不同的薪酬制度安排导致上市公司董事成员的决策动机和行为出现差异。相比于在上市公司领取薪酬的董事而言，不在上市公司领取薪酬的董事，其独立性更强，但是由于其报酬难以与能力、勤勉程度以及尽职情况等直接挂钩，监督和改善企业价值的动力较弱。因此，本章预期相较于董事长不在上市公司领取薪酬的公司而言，董事长在上市公司领取薪酬更能发挥权力差距的创新激励作用，因此，提出研究假设7－4：

假设7－4：当董事长在上市公司领取薪酬时，董事长—总经理权力差距对企业创新的影响更明显。

三、研究设计

（一）样本选取

本章以2009～2016年沪深两市A股上市公司为初始样本，其次进行了如下步骤的筛选：①本章旨在考察企业的最高领导者董事长和总经理之间的权力差距的影响，因此剔除了董事长和总经理由同一人担任的上市公司；②剔除金融业上市公司；③由于样本公司中有将近40%的上市公司创新强度为0，因此借鉴朱沆等（2016）采用Tobit模型进行回归分析，并且参照国内外研究的常见做法将创新强度数值最大的5%样本剔除（La Porta et al.，2002；Dafny and Varela，2010；朱沆等，2016）；④剔除变量缺失的公司。本章的创新强度数据来自CCER数据库，机构投资者数据来自万德数据库，其他数据均来自国泰安数据库。为了控制异常值的影响，本章对所有连续变量上下1%的极端值进行了缩尾处理。经过以上步骤删选，本章最终获得11146个观测值。

（二）变量定义

1. 被解释变量

本章的被解释变量是企业的创新行为，分别从企业的创新意愿（Innovation_DUM）和创新强度（Innovation_INT）两个维度衡量企业的创新活动。①上市公司当年有研发投入，则定义Innovation_DUM为1，否则Innovation_DUM为0。②创新强度（Innovation_INT）使用上市公司当年研发投入占营业收入的比例来衡量。

2. 解释变量

本章的解释变量是董事长——总经理权力差距（POWER）分别采用权力差距综合指标 1 （POWER_SUM）和权力差距综合指标 2 （POWER_PCA）度量（变量的详细定义见第四章）。

3. 控制变量

除此之外，本章还控制了实证研究中常见的影响企业创新的财务因素，包括企业的规模（SIZE）、资产负债率（LEV）、成长性（GROWTH）、盈利能力（ROA）、固定资产比例（TAN），并且本书还控制了企业的治理特征，包括董事会规模（BOARDSIZE）、第一大股东持股比例（CR1）、机构投资者持股比例（INST_HOLD）、产权性质（SOE）以及总经理是否是董事会成员（CEOMTB）。最后，本章研究还控制了年度和行业固定效应。本章研究的变量定义如表 7 - 1 所示。

表 7 - 1　变量定义

	变量名称	变量符号	定义
被解释变量	创新意愿	Innovation_DUM	当年有研发投入，则为 1，否则为 0
	创新强度	Innovation_INT	当年研发投入除以营业收入
解释变量	权力差距综合指标 1	POWER_SUM	将上述九个权力差距哑变量直接加总，获得权力差距综合指标 1
	权力差距综合指标 2	POWER_PCA	将上述九个权力差距得分差值，标准化处理后进行主成分分析，取第一主成分作为权力差距综合指标 2
	所有权权力差距	POWER_OWN	创始人、持股比例、来自股东单位
	专家权权力差距	POWER_EXP	任职年限、高级职称、学术背景
	声望权权力差距	POWER_PRE	学历背景、兼任董事数目、政治声望
	持股比例权力差距	POWER_SHA	哑变量，若董事长持股数量超过总经理，则取 1，否则为 0
	创始人权力差距	POWER_FOU	哑变量，若董事长是创始人，总经理不是创始人，则取 1，否则为 0
	股东单位权力差距	POWER_ISC	哑变量，若董事长在股东单位任职，总经理不在股东单位任职，或者董事长和总经理均在股东单位任职但是董事长职位高于总经理，则取 1，否则为 0

续表

	变量名称	变量符号	定义
解释变量	任职年限权力差距	POWER_TEN	哑变量，若董事长任职年限超过总经理，则取1，否则为0
	高级职称权力差距	POWER_PRO	哑变量，若董事长有高级职称，总经理没有高级职称，则取1，否则为0
	学术背景权力差距	POWER_ACA	哑变量，若董事长有学术背景，总经理没有学术背景，则取1，否则为0
	学历背景权力差距	POWER_DEG	哑变量，若董事长学历高于总经理，则取1，否则为0
	兼任董事权力差距	POWER_TCO	哑变量，若董事长兼职其他公司董事数量超过总经理，则取1，否则为0
	政治声望权力差距	POWER_POL	哑变量，若董事长政治声望高于总经理，则取1，否则为0
控制变量	企业规模	SIZE	公司总资产的自然对数
	资产负债率	LEV	总负债除以总资产
	成长性	GROWTH	营业收入增长率
	盈利能力	ROA	息税前利润/总资产
	固定资产比例	TAN	固定资产净额/总资产
	董事会规模	BOARDSIZE	董事会人数的自然对数
	第一大股东持股比例	CR1	第一大股东持股比例
	机构投资者持股比例	INST_HOLD	机构投资者持股比例
	产权性质	SOE	国有企业取1，否则取0
	总经理是否兼任董事	CEOMTB	总经理同时兼任内部董事为1，否则为0

（三）研究模型

为了检验本章的研究假设，设计了模型（7-1）。模型（7-1）的被解释变量分别为创新意愿（Innovation_DUM）和创新强度（Innovation_INT）。模型中的解释变量为董事长—总经理权力差距，采用权力差距综合指标1（POWER_SUM）和权力差距综合指标2（POWER_PCA）。模型中控制了行业和年度固定效应。

$$Innovation = \beta_0 + \beta_1 POWER + Controls + \varepsilon \qquad (7-1)$$

（四）描述性统计

表 7-2 是本章主要变量的描述性统计。从表 7-2 可以看出，有 68% 的样本公司进行了创新研发活动（Innovation_DUM = 0.68），样本公司的创新强度（Innovation_INT）的平均值为 0.02，表明样本公司的平均研发投入占到营业收入的 2%，整体偏低。所有权权力差距（POWER_OWN）、专家权权力差距（POWER_EXP）和声望权权力差距（POWER_PRE）的均值分别为 1.14、0.80 和 1.09，说明总体而言，董事长权力和总经理权力特征相近的公司占大多数。从这三个维度来看，样本公司中董事长与总经理在所有权维度上差距最大。权力差距综合指标 1（POWER_SUM）的均值为 3.03，权力差距综合指标 2（POWER_PCA）的均值为 -0.00。从描述性统计结果可以看出模型中所有变量均不存在严重的极端值问题。

表 7-2　描述性统计

变量	观测值	均值	中位数	标准差	最小值	最大值
Innovation_DUM	11146	0.68	1.00	0.47	0.00	1.00
Innovation_INT	11146	0.02	0.01	0.02	0.00	0.09
POWER_SUM	11146	3.03	3.00	1.66	0.00	9.00
POWER_PCA	11146	-0.00	-0.29	1.35	-5.71	11.24
POWER_OWN	11146	1.14	1.00	0.79	0.00	3.00
POWER_EXP	11146	0.80	1.00	0.79	0.00	3.00
POWER_PRE	11146	1.09	1.00	0.85	0.00	3.00
POWER_SHA	11146	0.34	0.00	0.47	0.00	1.00
POWER_FOU	11146	0.22	0.00	0.41	0.00	1.00
POWER_ISC	11146	0.59	1.00	0.49	0.00	1.00
POWER_TEN	11146	0.43	0.00	0.49	0.00	1.00
POWER_PRO	11146	0.23	0.00	0.42	0.00	1.00
POWER_ACA	11146	0.15	0.00	0.36	0.00	1.00
POWER_DEG	11146	0.30	0.00	0.46	0.00	1.00
POWER_TCO	11146	0.48	0.00	0.50	0.00	1.00

续表

变量	观测值	均值	中位数	标准差	最小值	最大值
POWER_POL	11146	0.30	0.00	0.46	0.00	1.00
SIZE	11146	22.16	22.00	1.33	19.37	26.18
LEV	11146	0.48	0.48	0.21	0.06	0.98
GROWTH	11146	0.20	0.10	0.60	−0.57	4.46
ROA	11146	0.04	0.04	0.06	−0.17	0.21
TAN	11146	0.25	0.21	0.18	0.00	0.75
BOARDSIZE	11146	2.18	2.20	0.20	1.61	2.71
CR1	11146	0.36	0.34	0.16	0.09	0.76
INST_HOLD	11146	0.42	0.43	0.23	0.01	0.89
SOE	11146	0.53	1.00	0.50	0.00	1.00
CEOMTB	11146	0.89	1.00	0.31	0.00	1.00

　　本章进一步统计了样本公司在所有权、专家权、声望权三个维度以及综合权力中，董事长和总经理权力差距的数值和占比，统计结果如表7－3所示。Panel A列示了董事长—总经理权力差距的三个维度的样本分布，Panel B列示了综合指标的样本分布。Panel A中，因为所有权权力差距、专家权权力差距、声望权权力差距都包含三个指标，因此当三种权力差距维度大于1时，表明在该维度上至少有一个权力特征上董事长与总经理具有显著差距，即董事长具有一定的权力优势。当权力差距维度等于0时，表明董事长与总经理权力差距较小，即董事长并不具有除职位权力以外的权力优势。从 Panel A 的分布可以看出，在所有权、专家权和声望权三个权力维度上，取值为1的样本最多，其次是取值为2和0的样本，这表明在上市公司中，董事长与总经理之间的权力差距存在较大差异。Panel B 列示了综合权力指标（共9个指标）的分布。从 Panel B 可以看出，约有95%的公司中董事长至少有一个权力指标优于总经理。同时，董事长和总经理权力差距为2和3的观测值占比最高，达到20%以上，其次是权力差距为4、5和1的观测值，占比在10%以上。这些结果表明，无论是从三个维度（所有权、专家权和声望权），还是从综合权力差距指标来看，在上市公司中，董事长与总经理之间的权力差距均存在较大的差异。

表 7-3　董事长和总经理不同维度的权力差距样本统计结果

Panel A：权力差距的三个维度的样本分布（比例）

	0	1	2	3
POWER_OWN	2202（19.76%）	5737（51.47%）	2619（23.50%）	588（5.28%）
POWER_EXP	4520（40.55%）	4575（41.05%）	1760（15.79%）	291（2.61%）
POWER_PRE	2982（26.75%）	4821（43.25%）	2748（24.65%）	595（5.34%）

Panel B：权力差距综合指标的样本分布（比例）

	0	1	2	3	4	5	6	7	8	9
POWER_SUM	493（4.42%）	1591（14.27%）	2366（21.23%）	2606（23.38%）	2036（18.27%）	1179（10.58%）	574（5.15%）	226（2.03%）	72（0.65%）	3（0.03%）

四、实证分析

在对本章的研究假设进行了初步的相关性分析以及单变量检验后，接下来对权力差距与企业创新的关系进行多元回归分析。

（一）权力差距与企业创新的检验

本章首先对假设 7-1 董事长—总经理权力差距与企业创新的关系进行了总体检验，模型（7-1）的回归结果如表 7-4 所示，第（1）～（2）列以上市公司创新意愿（Innovation_DUM）为被解释变量，结果显示，董事长—总经理权力差距综合指标 1（POWER_SUM）和权力差距综合指标 2（POWER_PCA）的回归系数都在 1% 水平下显著为正。第（3）～（4）列以上市公司创新强度（Innovation_INT）为被解释变量，董事长—总经理权力差距综合指标 1（POWER_SUM）和权力差距综合指标 2（POWER_PCA）的回归系数都在 1% 水平下显著为正。表 7-4 的结果说明，在控制了其他因素的影响后，董事长—总经理之间的权力差距对上市公司创新具有显著的影响，权力差距越大，企业开展创新活动的意愿越强，创新强度也越大，支持了本章的研究假设 7-1。

表7-4　权力差距与企业创新的实证检验

变量	Innovation_DUM		Innovation_INT	
	(1)	(2)	(3)	(4)
POWER_SUM	0.059***	—	0.001***	—
	(3.67)		(8.12)	
POWER_PCA	—	0.078***	—	0.001***
		(3.91)		(9.57)
SIZE	0.184***	0.181***	-0.000	-0.000
	(6.12)	(6.06)	(-0.02)	(-0.32)
LEV	-0.696***	-0.691***	-0.024***	-0.024***
	(-4.06)	(-4.00)	(-17.65)	(-17.56)
GROWTH	-0.099***	-0.099***	-0.001***	-0.001***
	(-3.42)	(-3.45)	(-3.31)	(-3.35)
ROA	0.715	0.751	0.019***	0.019***
	(1.54)	(1.60)	(3.94)	(3.92)
TAN	-0.799***	-0.792***	-0.014***	-0.014***
	(-4.00)	(-3.94)	(-9.21)	(-9.21)
BOARDSIZE	0.477***	0.488***	0.005***	0.005***
	(3.22)	(3.29)	(4.44)	(4.66)
CR1	0.482**	0.507**	-0.000	0.000
	(2.28)	(2.39)	(-0.09)	(0.01)
INST_HOLD	-0.144	-0.125	0.001	0.002*
	(-1.20)	(-1.03)	(1.08)	(1.73)
SOE	-0.219***	-0.204***	-0.005***	-0.004***
	(-3.31)	(-3.02)	(-9.64)	(-8.60)
CEOMTB	0.109	0.110	0.001	0.001*
	(1.42)	(1.4)	(1.45)	(1.74)
Year fixed effects	Yes	Yes	Yes	Yes
Ind fixed effects	Yes	Yes	Yes	Yes
N	11146	11146	11146	11146
Pseudo R^2	0.420	0.420	—	—
Tobit 左侧截取数	—	—	3588	3588

注：***、**和*分别表示在1%、5%和10%水平下显著（双尾）。

（二）权力差距、产权性质与企业创新的检验

为检验研究假设 7 - 2，董事长—总经理权力差距对企业创新的影响是否对不同产权性质的企业存在差异，本章将样本分为国有企业样本以及非国有企业样本。本章定义 SOE 来衡量产权性质：如果企业是国有企业，SOE = 1；如果企业是非国有企业，SOE = 0。表 7 - 5 列示了研究假设 7 - 2 的回归结果，从中可以发现，无论是创新意愿（Innovation_DUM）还是创新强度（Innovation_INT），董事长—总经理权力差距（POWER_SUM/POWER_PCA）与产权性质（SOE）的交乘项均显著为负，说明相比于国有企业，非国有企业的董事长—总经理权力差距对创新的影响更明显，支持了本章的研究假设 7 - 2。

表 7 - 5　权力差距与企业创新——产权性质

变量	Innovation_DUM		Innovation_INT	
	（1）	（2）	（3）	（4）
Power_SUM	0.132 ***	—	0.0015 ***	—
	（5.95）	—	（9.47）	—
Power_SUM × SOE	- 0.139 ***	—	- 0.001 ***	—
	（- 4.33）	—	（- 5.09）	—
Power_PCA	—	0.178 ***	—	0.002 ***
	—	（6.65）	—	（10.69）
Power_PCA × SOE	—	- 0.206 ***	—	- 0.002 ***
	—	（- 5.06）	—	（- 5.00）
SOE	0.1945	- 0.224 ***	- 0.001	- 0.004 ***
	（1.62）	（- 3.35）	（- 0.94）	（- 8.70）
SIZE	0.179 ***	0.177 ***	- 0.000	- 0.000
	（6.00）	（5.96）	（- 0.09）	（- 0.55）
LEV	- 0.700 ***	- 0.666 ***	- 0.023 ***	- 0.023 ***
	（- 4.09）	（- 3.86）	（- 17.71）	（- 17.45）
GROWTH	- 0.096 ***	- 0.100 ***	- 0.001 ***	- 0.001 ***
	（- 3.33）	（- 3.45）	（- 3.29）	（- 3.38）

续表

变量	Innovation_DUM		Innovation_INT	
	（1）	（2）	（3）	（4）
ROA	0.696	0.734	0.018***	0.018***
	(1.49)	(1.56)	(3.95)	(3.87)
TAN	−0.811***	−0.801***	−0.013***	−0.013***
	(−4.06)	(−4.02)	(−9.30)	(−9.27)
BOARDSIZE	0.471***	0.474***	0.005***	0.005***
	(3.18)	(3.18)	(4.36)	(4.54)
CR1	0.453**	0.484**	−0.000	−0.000
	(2.13)	(2.29)	(−0.37)	(−0.17)
INST_HOLD	−0.132	−0.107	0.001	0.002*
	(−1.10)	(−0.89)	(1.16)	(1.95)
CEOMTB	0.116	0.113	0.001	0.001*
	(1.50)	(1.47)	(1.56)	(1.81)
Year fixed effect	Yes	Yes	Yes	Yes
Ind fixed effects	Yes	Yes	Yes	Yes
N	11146	11146	11146	11146
Pseudo R^2	0.423	0.424	—	—
Tobit 左侧截取数	—	—	3588	3588

注：***、**和*分别表示在1%、5%和10%水平下显著（双尾）。

（三）权力差距、股权结构与企业创新的检验

为检验研究假设7－3，董事长——总经理权力差距对企业创新的影响是否在不同股权结构的企业中存在差异，本章将样本分为股权集中样本以及股权分散样本，采用前三大股东持股比例平方和（Shrhfd3）来衡量企业的股权分散程度，当 Shrhfd3 低于样本中位数时，则认为企业股权结构较为分散，DIS＝1，当 Shrhfd3 高于样本中位数时，则认为企业股权结构较为集中，DIS＝0，回归的结果如表7－6所示。表7－6显示，无论是创新意愿（Innovation_DUM）还是创新强度（Innovation_INT），董事长——总经理权力差距（POWER_SUM/ POWER_PCA）与股权分散度（DIS）的交乘项均显著为正，说明企业股权越分散，董事长——总

经理权力差距对创新的影响越强，支持了研究假设 7 - 3。

表 7 - 6　权力差距与企业创新——股权结构

变量	Innovation_DUM		Innovation_INT	
	（1）	（2）	（3）	（4）
POWER_SUM	0.013	—	0.000 **	—
	(0.60)		(2.26)	
POWER_SUM × DIS	0.090 ***	—	0.001 ***	—
	(3.03)		(5.13)	
POWER_PCA	—	0.042	—	0.001 ***
		(1.44)		(4.25)
POWER_PCA × DIS	—	0.064 *	—	0.001 ***
		(1.68)		(3.11)
DIS	− 0.328 **	− 0.058	− 0.004 ***	− 0.001
	（− 2.51）	（− 0.66）	（− 4.32）	（− 0.89）
SIZE	0.177 ***	0.178 ***	− 0.000	− 0.000
	(5.93)	(5.95)	（− 0.40）	（− 0.56）
LEV	− 0.697 ***	− 0.688 ***	− 0.023 ***	− 0.023 ***
	（− 4.08）	（− 3.99）	（− 17.57）	（− 17.48）
GROWTH	− 0.097 ***	− 0.099 ***	− 0.001 ***	− 0.001 ***
	（− 3.38）	（− 3.46）	（− 3.28）	（− 3.36）
ROA	0.664	0.749	0.018 ***	0.018 ***
	(1.43)	(1.59)	(3.88)	(3.94)
TAN	− 0.810 ***	− 0.791 ***	− 0.013 ***	− 0.013 ***
	（− 4.04）	（− 3.94）	（− 9.32）	（− 9.21）
BOARDSIZE	0.465 ***	0.481 ***	0.005 ***	0.005 ***
	(3.13)	(3.24)	(4.34)	(4.64)
CR1	0.329	0.331	− 0.001	− 0.001
	(1.04)	(1.03)	（− 0.73）	（− 0.65）
INST_HOLD	− 0.148	− 0.130	0.001	0.001 *
	（− 1.24）	（− 1.08）	(1.13)	(1.69)
SOE	− 0.220 ***	− 0.203 ***	− 0.004 ***	− 0.004 ***
	（− 3.33）	（− 3.02）	（− 9.69）	（− 8.60）

续表

变量	Innovation_DUM		Innovation_INT	
	（1）	（2）	（3）	（4）
CEOMTB	0.101	0.106	0.000	0.001*
	(1.33)	(1.39)	(1.35)	(1.67)
Year fixed effects	Yes	Yes	Yes	Yes
Ind fixed effects	Yes	Yes	Yes	Yes
N	11146	11146	11146	11146
Pseudo R^2	0.422	0.421	—	—
Tobit 左侧截取数	—	—	3588	3588

注：***、**和*分别表示在1%、5%和10%水平下显著（双尾）。

（四）权力差距、薪酬安排与企业创新的检验

为检验研究假设7-4，权力差距对企业创新的影响是否会受到董事长薪酬发放模式的影响，本章将上市公司按照董事长薪酬发放模式分为两组，定义PAY=1为董事长在上市公司领取薪酬，定义PAY=0为董事长不在上市公司领取薪酬，表7-7是交乘回归的结果。无论是创新意愿（Innovation_DUM）还是创新强度（Innovation_INT），董事长—总经理权力差距（POWER_SUM/POWER_PCA）与领取薪酬（PAY）的交乘项均显著为正，结果表明，董事长是否在上市公司领取薪酬影响了董事长的决策和监督动机，进而对权力差距与企业创新的关系产生了影响。

表7-7 权力差距与企业创新——薪酬安排

变量	Innovation_DUM		Innovation_INT	
	（1）	（2）	（3）	（4）
POWER_SUM	−0.022	—	−0.000	—
	(−0.81)	—	(−0.08)	—
POWER_SUM × PAY	0.122***	—	0.001***	—
	(3.80)	—	(5.21)	—

续表

变量	Innovation_DUM		Innovation_INT	
	(1)	(2)	(3)	(4)
POWER_PCA	—	−0.026	—	0.000
		(−0.69)		(0.65)
POWER_PCA×PAY	—	0.148***	—	0.002***
		(3.45)		(4.59)
PAY	−0.251**	0.105*	−0.002*	0.002***
	(−2.23)	(1.71)	(−1.69)	(4.64)
SIZE	0.180***	0.179***	−0.000	−0.000
	(6.03)	(6.00)	(−0.28)	(−0.54)
LEV	−0.699***	−0.696***	−0.023***	−0.023***
	(−4.09)	(−4.04)	(−17.52)	(−17.47)
GROWTH	−0.095***	−0.095***	−0.001***	−0.001***
	(−3.33)	(−3.31)	(−3.21)	(−3.24)
ROA	0.628	0.661	0.017***	0.017***
	(1.34)	(1.40)	(3.68)	(3.67)
TAN	−0.814***	−0.799***	−0.013***	−0.013***
	(−4.09)	(−3.99)	(−9.39)	(−9.32)
BOARDSIZE	0.468***	0.482***	0.005***	0.005***
	(3.17)	(3.26)	(4.41)	(4.61)
CR1	0.548***	0.537**	0.001	0.001
	(2.59)	(2.54)	(0.66)	(0.53)
INST_HOLD	−0.111	−0.098	0.001	0.002**
	(−0.93)	(−0.82)	(1.61)	(2.16)
SOE	−0.190***	−0.187***	−0.003***	−0.003***
	(−2.73)	(−2.67)	(−7.69)	(−7.39)
CEOMTB	0.109	0.107	0.001	0.001*
	(1.43)	(1.39)	(1.45)	(1.64)
Year fixed effects	Yes	Yes	Yes	Yes
Ind fixed effects	Yes	Yes	Yes	Yes
N	11146	11146	11146	11146
Pseudo R^2	0.423	0.422	—	—
Tobit 左侧截取数	—	—	3588	3588

注：***、**和*分别表示在1%、5%和10%水平下显著（双尾）。

（五）进一步分析

1. 区分权力差距的三个维度

表7-4总体检验的实证结果表明董事长—总经理之间的权力差距可以提高企业的创新活动。在上述分析的基础上，本章进一步区分董事长—总经理权力差距的不同维度，将董事长—总经理权力差距分为三个维度：所有权权力差距（POWER_OWN）、专家权权力差距（POWER_EXP）和声望权权力差距（POWER_PRE），分别与上市公司创新意愿和创新强度进行回归，然后再将三个维度权力差距同时放入模型中，考察不同维度对企业创新的具体影响。模型中均控制了其他可能影响企业创新的变量以及年度和行业固定效应。

表7-8展示了董事长—总经理权力差距三个维度对企业创新行为的影响。表7-8中第（1）～（4）列以创新意愿为被解释变量，第（5）～（8）列以创新强度为被解释变量。在每一个被解释变量中，前三列〔第（1）～（3）列、第（5）～（7）列〕是将三个维度的权力差距分别进行回归，第（4）列和第（8）列是将三个维度的权力差距放入同一个模型中进行回归。表7-8显示，所有权权力差距（POWER_OWN）在所有模型中都显著为正，与预期一致，表明董事长与总经理在所有权维度上存在一定差距时，可以促进企业的创新活动；专家权权力差距（POWER_EXP）的系数在创新意愿模型中为正，但是不显著，在创新强度模型中显著为正，这表明当董事长与总经理在专家权维度上存在一定差距时，可以显著提高企业的创新强度；最后是声望权权力差距（POWER_PRE），在创新意愿模型中都显著为正，与预期基本一致，表明董事长与总经理在声望权维度存在权力差距时，同样也可以促进企业创新活动，但是在创新强度模型中不显著。在表7-8第（4）列和第（8）列，本章将上述三个维度的权力差距同时放入模型中后，所有权权力差距系数依然显著为正，而专家权和声望权维度不再显著。以上结果表明董事长—总经理权力差距的三个维度均在一定程度上可以提高企业的创新意愿和强度，所有权维度的影响最为显著。

表7-8 权力差距与企业创新——分为三个维度

变量	Innovation_ DUM				Innovation_ INT			
	(1)	(2)	(3)	(4)	(5)	(6)	(7)	(8)
POWER_OWN	0.179***	—	—	0.181***	0.003***	—	—	0.003***
	(8.36)			(8.00)	(11.47)			(10.79)
POWER_EXP	—	0.028	—	-0.02	—	0.001***	—	0.000
		(1.39)		(-1.00)		(3.80)		(0.10)
POWER_PRE	—	—	0.045**	0.014	—	—	0.000	-0.000
			(2.42)	(0.74)			(1.54)	(-0.59)
SIZE	0.175***	0.193***	0.193***	0.175***	-0.000	0.000	0.000	-0.000
	(10.21)	(11.29)	(11.30)	(10.22)	(-0.61)	(0.57)	(0.69)	(-0.60)
LEV	0.675***	0.709***	0.708***	0.675***	0.023***	0.023***	0.023***	0.023***
	(-6.80)	(-7.11)	(-7.11)	(-6.80)	(-17.43)	(-17.72)	(-17.65)	(-17.43)
GROWTH	0.097***	0.101***	0.102***	0.098***	0.001***	0.001***	0.001***	0.001***
	(-3.23)	(-3.32)	(-3.38)	(-3.27)	(-3.20)	(-3.39)	(-3.44)	(-3.20)
ROA	0.589*	0.790**	0.778**	0.582*	0.017***	0.019***	0.019***	0.017***
	(1.69)	(2.25)	(2.22)	(1.67)	(3.56)	(4.14)	(4.15)	(3.56)
TAN	0.833***	0.800***	0.802***	0.836***	0.014***	0.013***	0.013***	0.014***
	(-7.23)	(-6.95)	(-6.95)	(-7.27)	(-9.59)	(-9.09)	(-9.13)	(-9.60)
BOARDSIZE	0.477***	0.490***	0.484***	0.475***	0.005***	0.005***	0.005***	0.005***
	(5.55)	(5.74)	(5.67)	(5.53)	(4.50)	(4.71)	(4.69)	(4.51)
CR1	0.496***	0.497***	0.477***	0.483***	0.000	0.000	-0.000	0.000
	(4.02)	(4.08)	(3.93)	(3.96)	(0.02)	(0.03)	(-0.17)	(0.05)
INST_HOLD	-0.140*	-0.145*	-0.149*	-0.142*	0.001	0.001	0.001	0.001
	(-1.69)	(-1.76)	(-1.81)	(-1.71)	(1.22)	(1.07)	(0.97)	(1.23)
SOE	0.212***	0.244***	0.240***	0.211***	0.004***	0.002***	0.005***	0.004***
	(-5.74)	(-6.67)	(-6.56)	(-5.70)	(-9.26)	(-10.74)	(-10.81)	(-9.27)
CEOMTB	0.099*	0.089*	0.087*	0.095*	0.000	0.000	-0.000	0.001
	(1.89)	(1.70)	(1.65)	(1.82)	(1.36)	(1.16)	(0.78)	(1.35)
Year fixed effects	Yes	Yes	Yes	Yes	Yes	Yes	Yes	Yes
Ind fixed effects	Yes	Yes	Yes	Yes	Yes	Yes	Yes	Yes
N	11146	11146	11146	11146	11146	11146	11146	11146
Pseudo R^2	0.422	0.418	0.418	0.423	—	—	—	—
Tobit 左侧截取数	—	—	—	—	3588	3588	3588	3588

注：***、**和*分别表示在1%、5%和10%水平下显著（双尾）。

2. 区分权力差距的九个具体指标

在检验了权力差距的三个维度对企业创新的影响后，本章还将权力差距的九个具体指标分别对企业创新意愿和创新强度的影响进行回归，回归结果列示在表7-9和表7-10中。从表7-9可以看到持股比例、是否是创始人和学术背景三个变量的系数均显著为正，这说明促进企业创新意愿方面，上述三个权力差距指标发挥了显著作用。从表7-10可以看到持股比例、是否是创始人以及学术背景这三个变量的系数显著为正，这说明在促进企业创新强度方面，上述三个权力差距指标发挥了显著作用。表7-9和表7-10的实证结果表明，不同的权力差距指标对企业创新的作用不同。

表7-9　权力差距与企业创新意愿——分为九个指标

变量	Innovation_DUM								
	(1)	(2)	(3)	(4)	(5)	(6)	(7)	(8)	(9)
POWER_SHA	0.006*** (12.23)	—	—	—	—	—	—	—	—
POWER_FOU	—	0.006** (12.91)	—	—	—	—	—	—	—
POWER_ISC	—	—	−0.001*** (−3.45)	—	—	—	—	—	—
POWER_TEN	—	—	—	0.001 (1.38)	—	—	—	—	—
POWER_PRO	—	—	—	—	−0.000 (−0.48)	—	—	—	—
POWER_ACA	—	—	—	—	—	0.004*** (7.02)	—	—	—
POWER_DEG	—	—	—	—	—	—	0.000 (0.05)	—	—
POWER_TCO	—	—	—	—	—	—	—	0.000 (1.22)	—
POWER_POL	—	—	—	—	—	—	—	—	0.001 (1.39)
Controls	Yes	Yes	Yes	Yes	Yes	Yes	Yes	Yes	Yes
N	11146	11146	11146	11146	11146	11146	11146	11146	11146
Adj. R²	0.329	0.330	0.324	0.324	0.324	0.325	0.324	0.324	0.324

注：***、**和*分别表示在1%、5%和10%水平下显著（双尾）。

表 7 - 10　权力差距与企业创新强度——分为九个指标

变量	Innovation_ INT								
	（1）	（2）	（3）	（4）	（5）	（6）	（7）	（8）	（9）
POWER_SHA	0.353***	—	—	—	—	—	—	—	—
	(5.63)								
POWER_FOU	—	0.399**	—	—	—	—	—	—	—
		(5.60)							
POWER_ISC	—	—	−0.080	—	—	—	—	—	—
			(−1.48)						
POWER_TEN	—	—	—	−0.002	—	—	—	—	—
				(−0.04)					
POWER_PRO	—	—	—	—	0.011	—	—	—	—
					(0.19)				
POWER_ACA	—	—	—	—	—	0.136*	—	—	—
						(1.81)			
POWER_DEG	—	—	—	—	—	—	0.044	—	—
							(0.85)		
POWER_TCO	—	—	—	—	—	—	—	0.041	—
								(0.87)	
POWER_POL	—	—	—	—	—	—	—	—	0.059
									(1.10)
Controls	Yes	Yes	Yes	Yes	Yes	Yes	Yes	Yes	Yes
N	11146	11146	11146	11146	11146	11146	11146	11146	11146
Adj. R^2	0.424	0.424	0.418	0.417	0.417	0.418	0.418	0.418	0.418

注：***、**和*分别表示在1%、5%和10%水平下显著（双尾）。

（六）稳健性检验

1. 随机效应模型

对权力差距与企业创新进行了进一步的分析后，本章对模型（7-1）的回归结果进行了稳健性检验。首先，借鉴张建君和张闫龙（2016）的研究，采用面板数据的随机效应模型来考察权力差距对企业创新的影响。随机效应模型的回归结果如表7-11所示。无论是在创新意愿模型中，还是在创新强度模型中，董事长—总经理权力差距综合指标 1 和权力差距综合指标 2 的系数均显著为正，与表 7 - 4 的结果一致，随机效应的结果证明了本章研究结论的稳健性。

表 7 - 11　随机效应模型

变量	Innovation_DUM		Innovation_INT	
	（1）	（2）	（3）	（4）
POWER_SUM	0.006 **	—	0.001 ***	—
	(2.48)		(5.40)	
POWER_PCA	—	0.009 ***	—	0.001 ***
		(3.19)		(5.04)
SIZE	0.033 ***	0.033 ***	− 0.000	− 0.000
	(7.24)	(7.16)	(− 1.41)	(− 1.42)
LEV	− 0.161 ***	− 0.160 ***	− 0.012 ***	− 0.012 ***
	(− 6.87)	(− 6.85)	(− 12.78)	(− 12.82)
GROWTH	− 0.003	− 0.003	− 0.000 **	− 0.000 **
	(− 0.65)	(− 0.67)	(− 2.20)	(− 2.22)
ROA	0.108 *	0.107 *	− 0.001	− 0.002
	(1.66)	(1.64)	(− 0.75)	(− 0.77)
TAN	− 0.046 *	− 0.047 *	− 0.002 **	− 0.002 **
	(− 1.67)	(− 1.69)	(− 2.35)	(− 2.35)
BOARDSIZE	0.059 ***	0.060 ***	0.002 ***	0.002 ***
	(2.62)	(2.66)	(2.75)	(2.80)
CR1	0.065 **	0.066 **	− 0.000	− 0.000
	(2.04)	(2.08)	(− 0.52)	(− 0.52)
INST_HOLD	− 0.033 *	− 0.030 *	− 0.003 ***	− 0.003 ***
	(− 1.95)	(− 1.78)	(− 5.29)	(− 4.99)
SOE	− 0.056 ***	− 0.053 ***	− 0.005 ***	− 0.005 ***
	(− 4.93)	(− 4.64)	(− 9.40)	(− 9.16)
CEOMTB	0.012	0.014	0.000 *	0.000 *
	(1.16)	(1.29)	(1.72)	(1.81)
Year fixed effects	Yes	Yes	Yes	Yes
Ind fixed effects	Yes	Yes	Yes	Yes
N	11146	11146	11146	11146

续表

变量	Innovation_DUM		Innovation_INT	
	（1）	（2）	（3）	（4）
R² （overall）	0.452	0.452	0.442	0.444
Wald Chi2	4880	4890	3982	3984

注：＊＊＊、＊＊和＊分别表示在1%、5%和10%水平下显著（双尾）。

2. 解释变量的替代度量

借鉴 Beck 和 Mauldin（2014）对 CFO 权力的度量方法，将董事长和总经理的九个权力指标按年度—行业排序，分为四组，从大到小依次赋值4～1，然后将董事长和总经理的九个权力指标排序得分加总，得到董事长和总经理各自的权力排序得分，最后将董事长权力排序得分减去总经理权力排序得分，计算董事长与总经理权力差距（POWER_DUM）。这样的度量方法在一定程度上消除了年度和行业对权力度量的影响。

更换模型（7-1）中权力差距核心变量的稳健性检验结果如表7-12所示，结果显示，使用 Beck 和 Mauldin（2014）的方法度量权力差距后，其对企业创新意愿以及创新强度的回归系数仍然显著为正，该结果证明了本章研究假设7-1结论的稳健性，即权力差距越大，企业创新意愿越强，创新强度越高。

表7-12　解释变量的替代度量

变量	Innovation_DUM	Innovation_INT
	（1）	（2）
POWER_DUM	0.021＊＊	0.000＊＊＊
	（2.35）	（3.21）
SIZE	0.190＊＊＊	0.000
	（6.34）	（0.55）
LEV	-0.717＊＊＊	-0.023＊＊＊
	（-4.17）	（-17.75）
GROWTH	-0.102＊＊＊	-0.001＊＊＊
	（-3.55）	（-3.46）

续表

变量	Innovation_ DUM	Innovation_ INT
	(1)	(2)
ROA	0.758	0.019***
	(1.62)	(4.14)
TAN	-0.797***	-0.013***
	(-3.98)	(-9.14)
BOARDSIZE	0.481***	0.005***
	(3.25)	(4.67)
CR1	0.462**	-0.000
	(2.19)	(-0.27)
INST_ HOLD	-0.151	0.000
	(-1.26)	(0.90)
SOE	-0.238***	-0.005***
	(-3.63)	(-10.74)
CEOMTB	0.101	0.000
	(1.31)	(1.02)
Year fixed effects	Yes	Yes
Ind fixed effects	Yes	Yes
N	11146	11146
Pseudo R^2	0.418	—
Tobit 左侧截取数	—	3588

注: ***、**和*分别表示在1%、5%和10%水平下显著 (双尾)。

3. 时滞效应

模型 (7-1) 采用同一期的数据进行回归,而权力差距的创新激励作用可能并不会在当期产生效果,而是在下一期才有所体现,并且同一期的研究设计可能遭受内生性,因此为增加检验结果的可靠性,本章将企业创新变量滞后一期进行回归分析,结果如表7-13所示。表7-13显示,董事长—总经理权力差距综合指标的系数均显著为正,时滞效应的检验结果符合研究假设7-1的推断。

表 7 – 13　时滞效应模型

变量	Innovation_ DUM$_{t+1}$		Innovation_ INT$_{t+1}$	
	（1）	（2）	（3）	（4）
POWER_ SUM	0. 066 ***	—	0. 001 ***	—
	（3. 92）		（8. 00）	
POWER_ PCA	—	0. 087 ***	—	0. 002 ***
		（4. 20）		（9. 18）
SIZE	0. 212 ***	0. 209 ***	0. 000	– 0. 000
	（6. 69）	（6. 64）	（0. 01）	（ – 0. 25）
LEV	– 0. 576 ***	– 0. 572 ***	– 0. 020 ***	– 0. 020 ***
	（ – 3. 21）	（ – 3. 16）	（ – 13. 26）	（ – 13. 18）
GROWTH	– 0. 123 ***	– 0. 124 ***	– 0. 001	– 0. 001
	（ – 4. 26）	（ – 4. 26）	（ – 0. 82）	（ – 0. 82）
ROA	0. 826 *	0. 860 *	0. 029 ***	0. 029 ***
	（1. 76）	（1. 82）	（5. 71）	（5. 69）
TAN	– 0. 832 ***	– 0. 824 ***	– 0. 014 ***	– 0. 014 ***
	（ – 3. 96）	（ – 3. 91）	（ – 8. 06）	（ – 8. 06）
BOARDSIZE	0. 473 ***	0. 484 ***	0. 002 ***	0. 005 ***
	（3. 09）	（3. 15）	（3. 75）	（3. 94）
CR1	0. 495 **	0. 524 **	– 0. 003	– 0. 002
	（2. 24）	（2. 36）	（ – 1. 47）	（ – 1. 34）
INST_ HOLD	– 0. 078	– 0. 057	0. 002 *	0. 002 **
	（ – 0. 63）	（ – 0. 45）	（1. 80）	（2. 38）
SOE	– 0. 220 ***	– 0. 203 ***	– 0. 007 ***	– 0. 004 ***
	（ – 3. 17）	（ – 2. 87）	（ – 8. 72）	（ – 7. 63）
CEOMTB	0. 070	0. 071	0. 001	0. 001
	（0. 89）	（0. 90）	（0. 85）	（1. 17）
Year fixed effects	Yes	Yes	Yes	Yes
Ind fixed effects	Yes	Yes	Yes	Yes
N	11146	11146	11146	11146
Pseudo R^2	0. 427	0. 424	—	—
Tobit 左侧截取数	—	—	3124	3124

注：***、**和*分别表示在1%、5%和10%水平下显著（双尾）。

4. 内生性问题

由于上市公司董事长和总经理的选择和任命可能受到公司自身特征以及其他不可观测因素的影响，因此董事长—总经理形成的权力差距与企业创新决策可能存在内生性问题。为了解决这一内生性问题，本章应用两阶段工具变量法进行内生性处理。借鉴蒋德权等（2018），以同行业同年度的行业均值代替 AVGPOWER 作为工具变量，回归结果如表 7-14 所示。从第一阶段可以看到，同行业同年度权力差距均值（AVGPOWER）的系数在1%水平下显著为正，与企业的权力差距（POWER_SUM）正相关。第二阶段，无论是在创新意愿模型还是在创新强度模型中，权力差距的系数均在1%水平下显著为正。两阶段工具变量法的回归结果表明，考虑内生性问题后，权力差距仍然对企业创新意愿和创新强度的提高具有正向促进作用，工具变量法的回归结果与本章的研究结论相一致。

表 7-14　工具变量法回归结果

变量	第一阶段	第二阶段	
	POWER_SUM	Innovation_ DUM	Innovation_ INT
AVGPOWER	0. 936 ***	—	—
	(7. 79)		
POWER_SUM	—	0. 130 ***	0. 014 ***
		(4. 14)	(6. 59)
SIZE	0. 170 ***	0. 022 ***	- 0. 002 ***
	(11. 19)	(3. 42)	(- 6. 70)
LEV	- 0. 169 *	- 0. 138 ***	- 0. 016 ***
	(- 1. 82)	(- 5. 93)	(- 10. 48)
GROWTH	- 0. 048 *	- 0. 014 **	- 0. 000
	(- 1. 84)	(- 2. 19)	(- 0. 37)
ROA	1. 246 ***	- 0. 020	0. 000
	(3. 87)	(- 0. 23)	(0. 12)
TAN	0. 034	- 0. 187 ***	- 0. 009 ***
	(0. 32)	(- 7. 21)	(- 5. 43)
BOARDSIZE	0. 291 ***	0. 055 **	- 0. 000
	(3. 45)	(2. 45)	(- 0. 56)

续表

变量	第一阶段	第二阶段	
	POWER_SUM	Innovation_DUM	Innovation_INT
CR1	0.011	0.099***	-0.001
	(0.10)	(3.66)	(-1.03)
INST_HOLD	-0.047	-0.021	0.000
	(-0.59)	(-1.10)	(0.72)
SOE	-0.619***	0.029	0.004***
	(-17.37)	(1.38)	(3.04)
CEOMTB	-0.469***	0.076***	0.006***
	(-9.35)	(3.97)	(5.17)
Year fixed effects	Yes	Yes	Yes
Ind fixed effects	Yes	Yes	Yes
N	11146	11146	11146
R^2	0.068	0.300	0.300
F值	60.75***	—	—
识别不足检验	7358.80***	—	—
弱工具变量检验	60.75***	—	—

注：***、**和*分别表示在1%、5%和10%水平下显著（双尾）。

五、本章小结

创新是企业发展和社会进步的重要源泉，如何提高企业的创新效率是公司治理的重要研究问题。董事长和总经理"两职分离"是中国上市公司治理机制的主要形式，而创新决策又是由企业中最高领导者董事长和总经理主导的，那么董事长和总经理的权力配置以及互动必然会对企业的创新决策产生重要影响。本章以2009～2016年董事长和总经理"两职分离"的公司为研究样本，重点考察了企业董事长和总经理的权力差距对企业创新的影响，并从企业内外部因素考察了权力差距与企业创新之间的逻辑关系。本章得出以下结论。

首先，董事长和总经理权力差距与上市公司创新意愿和创新强度呈正相关关系，即董事长和总经理之间存在权力差距可以保持团队的秩序和稳定，形成良好的互动和沟通，提高决策和实施效率，并且进一步保障监督机制的有效发挥，最终有利于促进企业的创新。根据权力的不同维度，本章还探究了所有权权力差距、专家权权力差距以及声望权权力差距对企业创新的影响，研究发现，董事长—总经理权力差距的三个维度均在一定程度上可以提高企业的创新意愿和强度，所有权维度的影响最为显著。本章对上述结论进行了稳健性检验和内生性测试，本章的结论依然成立。

其次，本章进一步从产权性质、股权结构以及薪酬安排三个方面探讨了权力差距与企业创新之间的逻辑关系。研究发现，权力差距的创新激励效应在非国有企业、股权分散以及董事长在上市公司领取薪酬时更明显。

第八章　董事长—总经理权力差距与企业绩效研究

一、引言

　　企业是以盈利为目的的社会经济组织，经济学假设企业经营的目标是追求企业价值最大化。在微观经济理论中，企业的目标是追求最大化的利润。企业所有的制度和机制都是为了保证公司决策的科学化，提升企业价值，最终维护公司各利益相关者的利益。高管权力是影响企业绩效和价值的重要因素。从 CEO 个体以及高管团队整体探究高管权力是否可以提升企业价值有两种相反的观点：一种观点认为高管权力会损害企业价值（Agrawal and Knoeber，1996；Bhagat and Black，2002）；另一种观点认为高管权力可以提升企业价值（Weisbach，1988；Brickley et al.，1994），还有一些研究认为高管权力与公司价值之间并没有关系（Baysinger and Butler，1985；Hermalin and Weisbach，1991）。也有研究关注到高管团队内部权力分布对企业绩效的影响，结论也存在一些矛盾。有研究认为高管团队权力分布不均衡可能损害企业价值（Haleblian and Finkelstein，1993），也有研究认为权力不均衡有利于提升企业绩效（Smith et al.，2006）。除此之外，董事长和总经理两职是否分离也体现了不同的高管权力配置，其对企业经营活动以及企业价值具有重要的影响（卢锐等，2008），但是"两职分离"对企业绩效的影响同样存在两种观点：一种观点认为"两职分离"能够提高企业绩效。在现代公司制企业中，所有权和控制权的分离导致了代理问题的产生，其结果是导致了股东和经理之间的利益冲突。董事长和 CEO 的"两职分离"在一定程度上可以促使代表股东利益的董事长对总经理进行监督和约束，降低代理成本，从而提高绩效。例如，Goyal 和 Park（2002）发现"两职合一"导致董事会缺乏独立性，难以解雇表现差的经理人。卢锐等（2008）发现"两职合一"增加了高管的在职消费，且经营业绩并没有显著改善。Yu 和 Ashton（2015）发现"两职分离"有助于降低代理成本。另一种观点认为"两职合一"克服了董事长和 CEO 之间沟通的信息成本（Brickley et al.，1997），能够更有效地实施战略和经营目标，最终改善公司业绩。例如，Faleye（2007）发现在组织结构复杂的公司中，集权将有助于提高公司业绩。Yang 和 Zhao（2014）发现"两职合一"的公司相对于"两职分离"的公司，在竞争环境发生变化的时候，业绩要好 3% ~ 4%。通过对高管权力与企业价值和绩效的文献梳理，本书发现已有研究的结论并不一致，而基于董事长和总经理的权力配置问题，也只关注了董事长和总经理"两职合一"或"两职分离"对企业业绩的影响。对于我国上市公司来说，"两职分离"的公司占到所有公司的 70% 以上，而在"两职分离"状态下，董事长和 CEO 两职之间具体的权力特征是否影响企业的决策和绩效，我们却无法得知。

在"两职分离"的上市公司中，由于职位层级的差异，董事长和总经理构成了典型的高管团队垂直对。已有高管团队垂直对的相关研究发现管理团队中上下级之间的互动会对企业的决策产生重要影响。高管团队垂直对之间的人口特征差异符合社会规范时，组织成员之间互动更加良好，如更年长的领导与更年轻的下属，可以降低高管离职率（张龙和刘洪，2006）、提高内部控制质量（李端生和周虹，2016）、抑制管理者的盈余管理行为（何威风，2015）等。而以往研究只关注了董事长和总经理两职之间的简单人口特征，如性别、年龄等，却忽视了两者之间的具体权力特征。权力是组织成员互动的基础，尤其是我国高权力距离以及威权主义的文化情境下，董事长和总经理之间的权力特征差异会显著影响两者之间的互动以及合作，并且会最终影响企业的决策和绩效表现。

基于上述分析，本章以 2009 ~ 2016 年"两职分离"的上市公司为研究对象，探讨了董事长—总经理之间的权力差距对企业绩效的影响，并从企业内外部因素进一步考察权力差距与企业绩效之间的逻辑关系。本章的结构安排如下：首先，在相关理论的基础上提出本章的研究假设；其次，构建本章研究的模型以及对相关变量进行定义；再次，对研究假设进行实证检验，包括描述性统计、单变量分析和多元回归分析；从次，对研究模型采取替换关键变量、时滞效应检验以及工具变量法进行稳健性检验，进一步验证研究结论的稳健性；最后，总结归纳本章得出的结论。

二、理论分析与假设提出

根据社会规范理论，特定的社会类别都和一定的社会地位相对应，无论是在一个社会还是一个组织中，符合社会规范的行为和机制将会产生积极的后果。而在高权力距离社会中，个体之间的互动就会更多地受到地位和权力高低的影响，企业高管之间的互动亦是如此。本章认为，董事长和总经理两者之间形成一定的权力差距可以从以下两个方面对上市公司的绩效产生影响。

首先，董事长和总经理之间的权力差距可以提高企业的决策效率和决策质量，进而提高企业的绩效。在我国特殊的文化情境下，为了保持团队的稳定秩序，作为公司"一把手"的董事长必须有足够的权威，包括正式的和非正式的权威（张建君和张闰龙，2016）。当公司"一把手"相对于其他成员（尤其是企业中的"二把手"）具有一定的权力差距时，可以增加成员的安全感，从而促进企业领导团队的秩序和稳定，这也是团队决策有效性的基本前提。当企业中"一把手"没有足够权威时，企业容易造成成员之间分庭抗礼，并且引发地位冲突，阻碍企业做出高效公平的决策。另外，由于高管成员存在不同的认知以及共识，因此在决策时，容易发生意见不一致的问题，导致企业决策过程缓慢甚至难以达成一致决策。此时，权力集中可以促使权力更为有效地使用，避免无端争论并且保证决策的有效性（Krause et al.，2015）。Krause 等（2015）研究了拥有两个共同 CEO 的公司，其两个 CEO 之间适当的权力差距与公司绩效正相关。Greve 和 Mitsuhashi（2007）发现，"一把手"的集权或者高管团队内的高权力差距有助于企业适应外部环境的变化，从而对组织绩效产生积极影响。因此，董事长和总经理之间的权力差距可以保证团队的秩序，改善决策过程，提高企业的决策效率，最终有利于提高企业的绩效。

其次，董事长和总经理之间的权力差距可以改善企业的内部治理水平，从而提高企业的绩效。由于道德风险和逆向选择的存在，即使是"两职分离"的公司，总经理受到董事会以及董事长监督的同时，仍然存在监督无效以及执行不到位的问题。委托代理理论认为，作为代理人的总经理具有利己的特质，经理人可以利用组织赋予的权力进行在职消费等行为谋求自身利益最大化。根据公司治理机制，董事长作为股东以及董事会的代表，具有监督和约束总经理的责任和权利。相对于总经理，如果公司中的董事长具有更高的权威和地位，那么董事长可以更加有效地发挥监督和约束经理人的职责，进一步降低经理人的自利行为和机会主义行为，并且具有较高权力和威望的上级会做出更客观、更有利于提升企业价值的考核机制，以及通过建立科学合理的晋升、薪酬激励机制等提高经理人与企业利益的一致性，因此作为下属的经理人也会更加努力工作。企业形成有效的监督治理机制，最终有利于实现股东财富最大化。综上所述，董事长和总经理之间的权力差距一方面可以提高企业的决策效率和质量，另一方面可以有效改善公司治理水平，最终提高企业的绩效，因此，本章提出研究假设8-1。

假设8-1：董事长—总经理的权力差距越大，企业绩效越好。

研究假设8-1的分析表明董事长—总经理之间的权力差距可以维持团队秩序，促使企业的最高领导者有效控制会议进程和决策机制，避免议而不决，决而不行，从而提高企业决策效率，并且可以改善企业的公司治理，最终有利于提高企业的绩效。在研究假设8-1的基础上，本章将从企业的内外部因素：企业的股权结构、所处的外部治理环境以及产权性质三个方面考察上述逻辑。

当公司股权结构较为集中时，企业的决策效率更高，股东监督经理人的动力也更强，而当股权结构较为分散时，可能出现董事会决策进程缓慢，或者当董事会成员意见发生冲突时，难以形成有效的决策，并且当股权分散时，股东没有足够的动力和能力监督经理人的自利行为。此时，高管团队内权力的集中有利于制止团队中的无端争论并且保证决策的有效完成，以及更好地监督经理人。因此，在企业的股权较为分散时，董事长—总经理之间的权力差距可以提高企业决策和执行效率以及改善企业的监督效率，最终有利于提升公司绩效。于是，本章提出研究假设8-2。

假设8-2：董事长—总经理的权力差距与企业绩效的关系在股权结构分散的企业中更明显。

企业的监督治理效率还会受到企业所处的外部治理环境的影响。经过改革开放后四十多年的迅猛发展，我国的外部治理环境得到很大的改善，但是我国幅员辽阔，各个地区发展不平衡，造成各个地区所处的外部治理环境存在很大差异。在外部治理环境较差的地区，企业与外部投资者之间的信息不对称程度高，外部治理很难有效发挥监督治理效应，企业内部代理成本更大，在这种情况下，董事长—总经理权力差距可以发挥有效的监督治理作用，进而提高企业的绩效表现。因此，在外部治理环境较差时，董事长—总经理权力差距对企业绩效的影响更显著。于是，本章提出研究假设8-3。

　　假设8-3：董事长—总经理的权力差距与企业绩效的关系在外部治理环境较差时更明显。

　　对中国企业来说，产权性质是一个非常重要的企业特征，中国存在国有企业和非国有企业，两类企业的产权性质不同，导致两类企业的委托代理问题以及内部治理效率等方面存在显著差异。对于非国有企业，由于产权清晰以及以利润最大化为目标的薪酬激励导致企业的委托代理成本较低，内部治理效率较高。而对于国有企业，由于所有者缺位，因此不能对经理人形成有效的监督和约束，并且国有企业承担了政策性目标，企业的目标往往与社会效益或者政治效益相联系，因此其对业绩关注不足，导致国有企业对经理人的激励契约有效性更低，因此，国有企业具有更高的代理问题和成本，内部治理效率较低。因此，在国有企业，董事长和总经理之间的权力差距可以改善公司治理，促进企业绩效的提高。于是，本章在此提出研究假设8-4。

　　假设8-4：董事长—总经理的权力差距与企业绩效的关系在国有企业中更明显。

三、研究设计

（一）样本选取

　　表8-1列示了本章的样本选取过程。本章以沪深两市A股上市公司为研究

样本，以 2009~2016 年作为样本区间检验上市公司董事长—总经理权力差距对上市公司绩效的影响，本章共获得 19518 个观测值。本章首先对样本公司进行了以下筛选：①本章旨在考察企业的最高领导者董事长和总经理之间权力差距的影响，因此本章的样本剔除了董事长和总经理由同一人担任的观测值 4889 个；②董事长和总经理的个人数据来自国泰安数据库，并且通过万德数据库、瑞思数据库、利用网络爬虫技术以及手工搜集对个人缺失数据进行补充，仍有 1670 个观测值存在数据缺失，将其剔除；③剔除金融行业上市公司观测值 310 个；④剔除 85 个其他控制变量数据缺失的观测值。最终获得 12564 个公司—年度观测值，作为本章的样本进行研究。

表 8－1　样本选取过程

选取过程	观测值
上市公司总观测值	19518
剔除："两职合一"的观测	4889
剔除：董事长和总经理个人数据缺失的观测	1670
剔除：金融行业的观测	310
剔除：其他变量数据缺失的观测	85
本章的样本数	12564

本章机构投资者数据来自万德数据库，其他数据均来自国泰安数据库。为了控制异常值的影响，本章对所有连续变量按 1% 的标准进行了缩尾处理。

（二）变量定义

1. 被解释变量

本章的被解释变量是企业绩效，采用业绩指标净资产收益率（ROE）衡量。净资产收益率定义为上市公司当年净利润/平均所有者权益。

2. 解释变量

本章的解释变量是董事长—总经理权力差距（POWER）分别采用权力差距综合指标 1（POWER_SUM）和权力差距综合指标 2（POWER_PCA）度量（变量的详细定义见第四章）。

3. 控制变量

除此之外，本章还控制了实证研究中常见的影响企业绩效的财务因素，包括企业的规模（SIZE）、资产负债率（LEV）、现金持有水平（CASH）、固定资产比例（TAN），并且还控制了企业的治理特征，包括董事会规模（BOARDSIZE）、独立董事比例（INDEP）、第一大股东持股比例（CR1）、机构投资者持股比例（INST_HOLD）、上市年限（AGE）、产权性质（SOE）以及总经理是否是董事会成员（CEOMTB）。最后，还控制了年度和行业固定效应。本章的变量定义如表 8−2 所示。

表 8−2　变量定义

	变量名称	变量符号	定义
被解释变量	企业绩效	ROE	上市公司当年净利润/平均所有者权益
解释变量	权力差距综合指标1	POWER_SUM	将上述九个权力差距哑变量直接加总，获得权力差距综合指标1
	权力差距综合指标2	POWER_PCA	将上述九个权力差距得分差值，标准化处理后进行主成分分析，取第一主成分作为权力差距综合指标2
	所有权权力差距	POWER_OWN	创始人、持股比例、来自股东单位
	专家权权力差距	POWER_EXP	任职年限、高级职称、学术背景
	声望权权力差距	POWER_PRE	学历背景、兼任董事数目、政治声望
	持股比例权力差距	POWER_SHA	哑变量，若董事长持股数量超过总经理，则取1，否则为0
	创始人权力差距	POWER_FOU	哑变量，若董事长是创始人，总经理不是创始人，则取1，否则为0
	股东单位权力差距	POWER_ISC	哑变量，若董事长在股东单位任职，总经理不在股东单位任职，或者董事长和总经理均在股东单位任职但是董事长职位高于总经理，则取1，否则为0
	任职年限权力差距	POWER_TEN	哑变量，若董事长任职年限超过总经理，则取1，否则为0
	高级职称权力差距	POWER_PRO	哑变量，若董事长有高级职称，总经理没有高级职称，则取1，否则为0

	变量名称	变量符号	定义
解释变量	学术背景权力差距	POWER_ACA	哑变量，若董事长有学术背景，总经理没有学术背景，则取1，否则为0
	学历背景权力差距	POWER_DEG	哑变量，若董事长学历高于总经理，则取1，否则为0
	兼任董事权力差距	POWER_TCO	哑变量，若董事长兼职其他公司董事数量超过总经理，则取1，否则为0
	政治声望权力差距	POWER_POL	哑变量，若董事长政治声望高于总经理，则取1，否则为0
控制变量	企业规模	SIZE	公司总资产的自然对数
	资产负债率	LEV	总负债除以总资产
	现金持有水平	CASH	货币资金/总资产
	固定资产比例	TAN	固定资产净额/总资产
	董事会规模	BOARDSIZE	董事会人数的自然对数
	独立董事比例	INDEP	独立董事人数占比
	第一大股东持股比例	CR1	第一大股东持股比例
	机构投资者持股比例	INST_HOLD	机构投资者持股比例
	产权性质	SOE	国有企业取1，否则取0
	总经理是否兼任董事	CEOMTB	总经理同时兼任内部董事为1，否则为0

（三）研究模型

为了检验本章的研究假设，设计了模型（8-1）。模型（8-1）的被解释变量为企业绩效指标（ROE），模型中的解释变量为董事长—总经理权力差距，采用权力差距综合指标1（POWER_SUM）和权力差距综合指标2（POWER_PCA）。模型中控制了行业和年度固定效应。

$$ROE = \beta_0 + \beta_1 POWER + Controls + \varepsilon \qquad (8-1)$$

（四）描述性统计

表8-3是本章主要变量的描述性统计。企业净资产回报率（ROE）的平均值为0.07，中位数为0.08，该统计结果与以往研究数据大致相似。权力差距综

合指标 1 （POWER_SUM） 的均值为 3.03，这表明平均有 3 个指标董事长比总经理具有绝对权力优势。从所有权权力差距（POWER_OWN）、专家权权力差距（POWER_EXP） 和声望权权力差距（POWER_PRE） 这三个维度来看，均值分别为 1.16、0.79、1.08，这表明，样本公司中董事长与总经理在所有权维度上差距最大，声望权维度次之，专家权维度上的差距最小，该统计结果与现实状况相符。从九个权力差距指标的均值可以看出，是否在股东单位任职（POWER_ISC）、任职年限（POWER_TEN） 以及兼任其他公司董事的数目（POWER_TCO） 这三个指标的均值最高，这说明有超过 40% 的样本公司中，在该三项指标中，董事长相比于总经理具有绝对优势。学术背景（POWER_ACA） 的均值最低（0.16），表明只有 16% 的样本公司中董事长具有更强的学术背景。从描述性统计的结果可以看出模型中所有变量均不存在严重的极端值问题。

表 8－3　描述性统计

变量	观测值	均值	中位数	标准差	最小值	最大值
ROE	12564	0.07	0.08	0.12	− 0.56	0.39
POWER_SUM	12564	3.03	3.00	1.65	0.00	9.00
POWER_PCA	12564	0.01	− 0.28	1.33	− 5.71	11.24
POWER_OWN	12564	1.16	1.00	0.78	0.00	3.00
POWER_EXP	12564	0.79	1.00	0.80	0.00	3.00
POWER_PRE	12564	1.08	1.00	0.85	0.00	3.00
POWER_SHA	12564	0.37	0.00	0.48	0.00	1.00
POWER_FOU	12564	0.22	0.00	0.42	0.00	1.00
POWER_ISC	12564	0.56	1.00	0.50	0.00	1.00
POWER_TEN	12564	0.41	0.00	0.49	0.00	1.00
POWER_PRO	12564	0.22	0.00	0.41	0.00	1.00
POWER_ACA	12564	0.16	0.00	0.37	0.00	1.00
POWER_DEG	12564	0.30	0.00	0.46	0.00	1.00
POWER_TCO	12564	0.49	0.00	0.50	0.00	1.00
POWER_POL	12564	0.30	0.00	0.46	0.00	1.00
SIZE	12564	22.07	21.90	1.32	19.49	26.10
LEV	12564	0.45	0.45	0.22	0.05	0.95

续表

变量	观测值	均值	中位数	标准差	最小值	最大值
CASH	12564	0.19	0.15	0.15	0.01	0.70
TAN	12564	0.23	0.20	0.17	0.00	0.73
BOARDSIZE	12564	2.17	2.20	0.20	1.61	2.71
INDEP	12564	0.37	0.33	0.05	0.33	0.57
CR1	12564	0.36	0.34	0.16	0.09	0.77
INST_HOLD	12564	0.40	0.41	0.24	0.00	0.89
SOE	12564	0.50	0.00	0.50	0.00	1.00
CEOMTB	12564	0.90	1.00	0.31	0.00	1.00

（五）单变量分析

表 8-4 列示了权力差距与上市公司绩效（ROE）的均值检验结果。首先，根据权力差距综合指标 1（POWER_SUM）以及权力差距综合指标 2（POWER_PCA）按照中位数分为两组：权力差距较大组和权力差距较小组。从 POWER_SUM 的分组检验结果可以看出，权力差距较大组的净资产回报率（ROE）的均值为0.078，而权力差距较小组的净资产回报率（ROE）的均值为 0.069，差值为0.009，并且两组均值的差值在 1% 水平下显著。从 POWER_PCA 的分组检验结果可以看出，权力差距较大组的净资产回报率（ROE）的均值为 0.079，而权力差距较小组的净资产回报率（ROE）的均值为 0.069，差值为 0.010，同样两组均值的差值在 1% 水平下显著。均值检验的结果进一步支持了研究假设 8-1。

表 8-4　权力差距与企业绩效的单变量检验

分组标准	ROE			
	权力差距较大组	权力差距较小组	差值	T 值
POWER_SUM	0.078	0.069	0.009***	3.92
POWER_PCA	0.079	0.069	0.010***	4.61

注：***、** 和 * 分别表示在 1%、5% 和 10% 水平下显著（双尾）。

四、实证分析

在对本章的研究假设进行了初步的相关性分析以及单变量检验后,本章接下来对权力差距与企业绩效的关系进行多元回归分析。

(一)权力差距与企业绩效的检验

本章首先对假设8-1董事长—总经理权力差距与企业绩效的关系进行了总体检验,模型(8-1)的回归结果如表8-5所示,其中被解释变量均为上市公司净资产回报率(ROE),第(1)列以权力差距综合指标1(POWER_SUM)度量董事长—总经理权力差距,第(2)列以权力差距综合指标2(POWER_PCA)度量董事长—总经理权力差距。可以看到无论以POWER_SUM还是以POWER_PCA度量董事长—总经理权力差距,其回归系数均为0.002,并且显著性水平分别达到1%和5%。表8-5的检验结果说明,在控制了其他因素的影响后,董事长—总经理之间的权力差距对上市公司绩效具有显著正向影响。也就是说,上市公司董事长和总经理之间的权力差距可以提高企业的绩效,并且权力差距越大,这种效应越强。这支持了研究假设8-1的推断。

表8-5 权力差距与企业绩效的实证检验

变量	ROE	
	(1)	(2)
POWER_SUM	0.002***	—
	(3.26)	
POWER_PCA	—	0.002**
		(2.27)
SIZE	0.023***	0.023***
	(20.85)	(20.87)
LEV	-0.155***	-0.156***
	(-24.60)	(-24.63)

续表

变量	ROE	
	（1）	（2）
CASH	0.054***	0.053***
	(5.78)	(5.71)
TAN	−0.109***	−0.109***
	(−13.42)	(−13.44)
BOARDSIZE	−0.004	−0.004
	(−0.59)	(−0.52)
INDEP	−0.120***	−0.120***
	(−4.95)	(−4.97)
CR1	0.054***	0.055***
	(7.03)	(7.11)
INST_HOLD	0.038***	0.038***
	(6.98)	(7.09)
SOE	−0.026***	−0.026***
	(−10.09)	(−9.95)
CEOMTB	0.012***	0.012***
	(3.38)	(3.32)
Year fixed effects	Yes	Yes
Ind fixed effects	Yes	Yes
Cluster	Yes	Yes
N	12564	12564
Adj. R²	0.154	0.153

注：***、** 和 * 分别表示在1%、5%和10%水平下显著（双尾）。

（二）权力差距、股权结构与企业绩效的检验

为检验研究假设8-2，董事长—总经理权力差距对企业绩效的影响是否在不同股权结构的企业中存在差异，本章将样本分为股权集中样本以及股权分散样本，采用公司第一大股东与第二大股东持股比例的比值（Shrz）来衡量企业的股权集中程度。当 Shrz 高于样本中位数时，则认为企业股权结构较为集中；当

Shrz 低于样本中位数时，则认为企业股权结构较为分散。分组检验的回归结果如表 8 – 6 所示。结果显示，在股权分散的企业中，权力差距与净资产回报率显著正相关，而在股权集中的企业中并不显著，这说明相比于股权较为集中的企业，董事长—总经理权力差距对企业绩效的提升作用在股权分散的企业中更加显著，与本章假设 8 – 2 的预期一致，即企业股权越分散，更可能出现决策效率低下，并且股东对经理人的监督力度相对较低，董事长—总经理的权力差距可以在一定程度上提高企业的决策效率以及治理水平，提高对经理人的监督效率，进而有利于提升企业绩效。

表 8 – 6 权力差距与企业绩效——股权结构

变量	ROE			
	股权集中	股权分散	股权集中	股权分散
POWER_SUM	0.001	0.003 **	—	—
	(1.26)	(2.49)		
POWER_PCA	—	—	0.001	0.003 **
			(0.54)	(2.20)
SIZE	0.020 ***	0.023 ***	0.020 ***	0.023 ***
	(7.67)	(9.60)	(7.69)	(9.60)
LEV	– 0.125 ***	– 0.154 ***	– 0.125 ***	– 0.154 ***
	(– 7.51)	(– 9.82)	(– 7.56)	(– 9.78)
CASH	0.039 **	0.059 ***	0.038 **	0.059 ***
	(2.49)	(3.27)	(2.44)	(3.28)
TAN	– 0.097 ***	– 0.122 ***	– 0.097 ***	– 0.122 ***
	(– 5.76)	(– 7.35)	(– 5.76)	(– 7.38)
BOARDSIZE	– 0.001	– 0.010	– 0.001	– 0.009
	(– 0.06)	(– 0.86)	(– 0.05)	(– 0.78)
INDEP	– 0.070 *	– 0.162 ***	– 0.070	– 0.164 ***
	(– 1.65)	(– 4.05)	(– 1.63)	(– 4.09)
CR1	0.074 ***	0.055 ***	0.074 ***	0.056 ***
	(4.02)	(3.58)	(4.02)	(3.63)
INST_HOLD	0.032 ***	0.044 ***	0.033 ***	0.046 ***
	(3.66)	(4.43)	(3.68)	(4.57)

续表

变量	ROE			
	股权集中	股权分散	股权集中	股权分散
SOE	−0.019***	−0.032***	−0.019***	−0.032***
	(−3.97)	(−6.64)	(−3.96)	(−6.59)
CEOMTB	0.013**	0.009	0.012**	0.010
	(2.22)	(1.52)	(2.16)	(1.55)
Year fixed effects	Yes	Yes	Yes	Yes
Ind fixed effects	Yes	Yes	Yes	Yes
Cluster	Yes	Yes	Yes	Yes
N	6282	6282	6282	6282
Adj. R^2	0.136	0.186	0.136	0.186

注：***、**和*分别表示在1%、5%和10%水平下显著（双尾）。

（三）权力差距、外部治理环境与企业绩效的检验

为检验研究假设8-3，董事长—总经理权力差距对企业绩效的影响是否在不同外部治理环境中存在差异，本章采用王小鲁等（2017）最新出版的《报告（2016）》中的市场化总指数来度量企业所处的外部治理环境，《报告（2016）》的数据截止到2014年，由于各地区市场化总指数变化不大，因此采用2014年的市场化总指数代替2015年和2016年各地区的市场化指数。首先，按照市场化总指数将所有观测值分为外部治理环境好以及外部治理环境差两组样本，分别检验权力差距对企业绩效的影响，分组回归的结果如表8-7所示。从表8-7可以看出，当企业所处地区外部治理环境较差时，权力差距对企业绩效回归的系数显著为正，而当企业所处地区外部治理环境较好时，权力差距对企业绩效回归的系数不显著。表8-7的结果支持了本章的研究假设8-3，即在外部治理环境较差的地区，由于外部环境难以发挥治理效应，此时董事长—总经理权力差距可以提高企业决策效率和治理水平，从而提升企业绩效。

表 8 - 7　权力差距与企业绩效——外部治理环境

变量	ROE			
	外部治理环境好	外部治理环境差	外部治理环境好	外部治理环境差
POWER_SUM	0. 000	0. 004 ***	—	—
	(0. 09)	(3. 59)		
POWER_PCA	—	—	0. 001	0. 002 **
			(1. 06)	(1. 99)
SIZE	0. 018 ***	0. 026 ***	0. 018 ***	0. 026 ***
	(7. 38)	(10. 30)	(7. 23)	(11. 24)
LEV	- 0. 101 ***	- 0. 189 ***	- 0. 100 ***	- 0. 190 ***
	(- 6. 29)	(- 11. 44)	(- 6. 26)	(- 11. 22)
CASH	0. 039 **	0. 074 ***	0. 039 **	0. 073 ***
	(2. 42)	(4. 12)	(2. 46)	(4. 87)
TAN	- 0. 140 ***	- 0. 085 ***	- 0. 139 ***	- 0. 085 ***
	(- 7. 83)	(- 5. 05)	(- 7. 82)	(- 6. 05)
BOARDSIZE	- 0. 003	0. 001	- 0. 003	0. 002
	(- 0. 21)	(0. 05)	(- 0. 20)	(0. 20)
INDEP	- 0. 061	- 0. 161 ***	- 0. 060	- 0. 163 ***
	(- 1. 52)	(- 3. 76)	(- 1. 49)	(- 4. 79)
CR1	0. 063 ***	0. 050 ***	0. 064 ***	0. 050 ***
	(4. 62)	(3. 44)	(4. 65)	(4. 49)
INST_HOLD	0. 013	0. 060 ***	0. 013	0. 061 ***
	(1. 45)	(6. 04)	(1. 49)	(7. 58)
SOE	- 0. 025 ***	- 0. 024 ***	- 0. 024 ***	- 0. 025 ***
	(- 5. 07)	(- 4. 96)	(- 4. 83)	(- 6. 57)
CEOMTB	0. 011 *	0. 013 *	0. 012 **	0. 012 **
	(1. 94)	(1. 78)	(2. 06)	(1. 97)
Year fixed effects	Yes	Yes	Yes	Yes
Ind fixed effects	Yes	Yes	Yes	Yes
Cluster	Yes	Yes	Yes	Yes
N	6059	6505	6059	6505
Adj. R²	0. 129	0. 174	0. 129	0. 172

注：*** 、** 和 * 分别表示在 1%、5% 和 10% 水平下显著（双尾）。

（四）权力差距、产权性质与企业绩效的检验

为了检验研究假设 8-4，权力差距的绩效提升效应是否在不同产权性质的企业中存在差异，本章按照产权性质将样本分为国有企业和非国有企业两组，并且分别对模型（8-1）进行回归。表 8-8 列示了不同产权性质分组下，权力差距对企业绩效的影响。结果显示，在国有企业分组中，权力差距与净资产回报率（ROE）显著正相关，而在非国有企业分组中并不显著，这说明在国有企业中，董事长—总经理权力差距对企业绩效的提升作用更加显著，与本章假设 8-4 的预期一致，即国有企业由于所有者缺位等原因，内部治理效率较低，此时权力差距可以发挥改善公司决策效率和治理效率的作用，提升企业绩效。

表 8-8　权力差距与企业绩效——产权性质

变量	ROE			
	国有企业	非国有企业	国有企业	非国有企业
POWER_SUM	0.003 **	0.000	—	—
	(2.07)	(0.36)		
POWER_PCA	—	—	0.004 **	-0.001
			(2.27)	(-0.62)
SIZE	0.022 ***	0.028 ***	0.022 ***	0.029 ***
	(8.99)	(10.71)	(8.98)	(10.78)
LEV	-0.178 ***	-0.134 ***	-0.178 ***	-0.135 ***
	(-10.00)	(-8.55)	(-10.03)	(-8.56)
CASH	0.070 ***	0.054 ***	0.070 ***	0.054 ***
	(3.31)	(3.59)	(3.29)	(3.57)
TAN	-0.111 ***	-0.085 ***	-0.111 ***	-0.085 ***
	(-6.60)	(-4.69)	(-6.64)	(-4.68)
BOARDSIZE	-0.016	0.014	-0.016	0.015
	(-1.20)	(1.15)	(-1.17)	(1.21)
INDEP	-0.119 ***	-0.066	-0.120 ***	-0.065
	(-2.80)	(-1.56)	(-2.81)	(-1.53)
CR1	-0.024	0.132 ***	-0.024	0.132 ***
	(-1.44)	(9.59)	(-1.44)	(9.63)

续表

变量	ROE			
	国有企业	非国有企业	国有企业	非国有企业
INST_HOLD	0.069 ***	0.017 *	0.070 ***	0.016 *
	(6.23)	(1.94)	(6.30)	(1.90)
CEOMTB	0.018 **	0.009 *	0.018 **	0.009
	(2.18)	(1.75)	(2.22)	(1.62)
Year fixed effects	Yes	Yes	Yes	Yes
Ind fixed effects	Yes	Yes	Yes	Yes
Cluster	Yes	Yes	Yes	Yes
N	6296	6268	6296	6268
Adj. R^2	0.164	0.158	0.164	0.158

注：***、**和*分别表示在1%、5%和10%水平下显著（双尾）。

（五）进一步分析

1. 区分权力差距的三个维度

表8-5总体检验的实证结果表明董事长—总经理之间的权力差距可以提高企业的绩效。在上述分析的基础上，本章进一步区分董事长—总经理权力差距的不同维度，将董事长—总经理权力差距分为三个维度：所有权权力差距（POWER_OWN）、专家权权力差距（POWER_EXP）和声望权权力差距（POWER_PRE），分别与上市公司净资产回报率（ROE）进行回归，然后再将三个维度权力差距同时放入模型中，考察不同维度对企业绩效的具体影响。模型中均控制了其他可能影响企业绩效的变量以及年度和行业固定效应。

表8-9展示了董事长—总经理权力差距三个维度对企业净资产回报率（ROE）的影响。在分别检验三个维度权力差距的影响结果中，所有权权力差距（POWER_OWN）的回归系数和声望权权力差距（POWER_PRE）的回归系数均为正，并且达到1%和10%的显著性水平，而专家权权力差距（POWER_OWN）的回归系数不显著。将三个维度同时放入模型中，所有权权力差距依然显著为正，而专家权权力差距的系数反而显著为负。这表明，当董事长在专家权维度上的权力超过总经理时，企业绩效并不会提高，这可能是因为总经理是企业经营的

直接负责人和执行者，董事长—总经理专家权差距过大在一定程度上表明总经理的专业能力不足，无法对企业的经营决策和管理提供更为专业的指导和帮助，同时这个结果与现实情况也是相符合的，在选聘职业经理人时，企业往往也会选择专业能力更强的人来担任。从表8-9的结果可以看出，董事长—总经理权力差距对于企业绩效的影响主要由所有权权力差距和声望权权力差距发挥作用。

表8-9　权力差距与企业绩效——分为三个维度

变量	ROE			
	(1)	(2)	(3)	(4)
POWER_ OWN	0. 008 ***	—	—	0. 009 ***
	(5. 08)			(6. 10)
POWER_ EXP	—	− 0. 001	—	− 0. 004 ***
		(− 0. 70)		(− 2. 80)
POWER_ PRE	—	—	0. 002 *	0. 001
			(1. 77)	(0. 80)
SIZE	0. 021 ***	0. 021 ***	0. 021 ***	0. 021 ***
	(11. 42)	(11. 74)	(20. 52)	(19. 69)
LEV	− 0. 135 ***	− 0. 137 ***	− 0. 137 ***	− 0. 135 ***
	(− 11. 61)	(− 11. 72)	(− 22. 86)	(− 22. 45)
CASH	0. 049 ***	0. 048 ***	0. 049 ***	0. 048 ***
	(4. 13)	(3. 98)	(5. 71)	(5. 55)
TAN	− 0. 112 ***	− 0. 111 ***	− 0. 111 ***	− 0. 113 ***
	(− 9. 20)	(− 9. 11)	(− 14. 66)	(− 14. 96)
BOARDSIZE	− 0. 002	− 0. 001	− 0. 002	− 0. 002
	(− 0. 23)	(− 0. 14)	(− 0. 27)	(− 0. 38)
INDEP	− 0. 111 ***	− 0. 112 ***	− 0. 112 ***	− 0. 111 ***
	(− 3. 75)	(− 3. 75)	(− 5. 01)	(− 4. 99)
CR1	0. 053 ***	0. 052 ***	0. 052 ***	0. 051 ***
	(5. 10)	(5. 03)	(7. 32)	(7. 21)
INST_ HOLD	0. 039 ***	0. 039 ***	0. 039 ***	0. 039 ***
	(5. 78)	(5. 78)	(7. 75)	(7. 82)

续表

变量	ROE			
	（1）	（2）	（3）	（4）
SOE	－0.026***	－0.028***	－0.028***	－0.026***
	（－7.40）	（－8.15）	（－11.68）	（－10.86）
CEOMTB	0.011**	0.009**	0.010***	0.010***
	（2.53）	（2.10）	（2.93）	（2.86）
Year fixed effects	Yes	Yes	Yes	Yes
Ind fixed effects	Yes	Yes	Yes	Yes
Cluster	Yes	Yes	Yes	Yes
N	12564	12564	12564	12564
Adj. R^2	0.153	0.151	0.151	0.154

注：***、**和*分别表示在1%、5%和10%水平下显著（双尾）。

2. 区分权力差距的九个具体指标

在检验了董事长—总经理权力差距的三个维度对企业绩效的影响后，本章还将权力差距的九个具体指标分别对企业绩效的影响进行回归，回归结果如表8－10所示。从表8－10可以看到持股比例、是否是创始人、兼任董事数量这三个变量的系数显著为正，这表明权力差距的绩效提升效应主要由所有权和声望权的度量指标发挥作用，与表8－9的结果相一致。

表8－10　权力差距与企业绩效——分为九个指标

变量	ROA								
	（1）	（2）	（3）	（4）	（5）	（6）	（7）	（8）	（9）
POWER_SHA	0.020***	—	—	—	—	—	—	—	—
	（6.70）								
POWER_FOU	—	0.005*	—	—	—	—	—	—	—
		（1.67）							
POWER_ISC	—	—	0.002	—	—	—	—	—	—
			（0.54）						
POWER_TEN	—	—	—	－0.000	—	—	—	—	—
				（－0.12）					

变量	ROA								
	(1)	(2)	(3)	(4)	(5)	(6)	(7)	(8)	(9)
POWER_PRO	—	—	—	—	-0.005 (-1.44)	—	—	—	—
POWER_ACA	—	—	—	—	—	0.001 (0.41)	—	—	—
POWER_DEG	—	—	—	—	—	—	-0.003 (-0.94)	—	—
POWER_TCO	—	—	—	—	—	—	—	0.006** (2.13)	—
POWER_POL	—	—	—	—	—	—	—	—	0.004 (1.59)
Controls	Yes	Yes	Yes	Yes	Yes	Yes	Yes	Yes	Yes
N	12564	12564	12564	12564	12564	12564	12564	12564	12564
Adj. R^2	0.155	0.151	0.151	0.151	0.151	0.151	0.151	0.152	0.151

注：***、**和*分别表示在1%、5%和10%水平下显著（双尾）。

（六）稳健性检验

1. 被解释变量的替代度量

对权力差距与企业绩效进行进一步分析后，本章对模型（8-1）的回归结果进行稳健性检验。首先，借鉴周仁俊等（2010），采用调整后的经营利润除以年末净资产（POE）作为被解释变量的替代变量来度量企业绩效。稳健性检验的结果如表8-11所示。从表8-11的回归结果可以看到，权力差距综合指标1（POWER_SUM）和权力差距综合指标2（POWER_PCA）的系数分别为0.004和0.003，均在1%水平下显著。这表明，采用调整后的经营利润除以年末净资产（POE）衡量企业绩效后，权力差距对企业绩效仍然具有显著影响，即随着权力差距的增大，企业经营效率越高，企业绩效越好。

2. 解释变量的替代度量

（1）借鉴Beck和Mauldin（2014）对CFO权力的度量方法，将董事长和总经理的九个权力指标按年度—行业排序，分为四组，从大到小依次赋值4~1，然后将董事长和总经理的九个权力指标排序得分加总，得到董事长和总经理各自的权力排序得分，最后，将董事长权力排序得分减去总经理权力排序得分，计算董事长与总经理权力差距（POWER_DUM）。这样的度量方法在一定程度上消除了年度和行业对权力度量的影响。

表 8 - 11　被解释变量的替代度量

变量	POE	
	（1）	（2）
POWER_SUM	0.004***	—
	(5.31)	
POWER_PCA	—	0.003***
		(2.99)
SIZE	0.028***	0.028***
	(14.57)	(14.67)
LEV	-0.220***	-0.220***
	(-14.78)	(-14.81)
CASH	0.040***	0.038***
	(3.36)	(3.23)
TAN	-0.090***	-0.090***
	(-7.69)	(-7.72)
BOARDSIZE	-0.009	-0.008
	(-1.05)	(-0.94)
INDEP	-0.128***	-0.129***
	(-4.50)	(-4.53)
CR1	0.078***	0.079***
	(8.73)	(8.83)
INST_HOLD	0.040***	0.041***
	(6.49)	(6.66)
SOE	-0.037***	-0.038***
	(-11.88)	(-11.89)
CEOMTB	0.008	0.007
	(1.62)	(1.45)
Year fixed effects	Yes	Yes

变量	POE	
	（1）	（2）
Ind fixed effects	Yes	Yes
Cluster	Yes	Yes
N	12564	12564
Adj. R^2	0.164	0.162

注：***、**和*分别表示在1%、5%和10%水平下显著（双尾）。

（2）借鉴 Krause 等（2015）的方法，将董事长和总经理的九个权力指标标准化，然后加总分别得到董事长和总经理个人的权力得分，最后相减计算董事长与总经理权力差距（POWER_STD）。

更换模型（8-1）中权力差距核心变量的稳健性检验结果如表8-12所示，权力差距 POWER_DUM 和 POWER_STD 的系数均为 0.001，并且在 5% 水平下显著。表8-12 的结果表明，替换权力差距变量的度量方法后，本章的研究假设 8-1 的结论依然成立，即权力差距越大，企业经营效率越高，企业绩效越好。

表 8-12　解释变量的替代度量

变量	ROE	
	（1）	（2）
POWER_DUM	0.001**	—
	(2.08)	
POWER_STD	—	0.001**
		(2.00)
SIZE	0.023***	0.023***
	(21.13)	(14.45)
LEV	-0.156***	-0.154***
	(-24.78)	(-13.02)
CASH	0.053***	0.054***
	(5.66)	(5.50)
TAN	-0.109***	-0.111***
	(-13.43)	(-11.38)

续表

变量	ROE	
	(1)	(2)
BOARDSIZE	-0.004	-0.004
	(-0.53)	(-0.54)
CR1	-0.119***	-0.117***
	(-4.91)	(-5.05)
INDEP	0.053***	0.053***
	(6.88)	(6.95)
INST_HOLD	0.038***	0.039***
	(6.98)	(7.30)
SOE	-0.027***	-0.027***
	(-10.51)	(-10.37)
CEOMTB	0.012***	0.012***
	(3.26)	(3.06)
Year fixed effects	Yes	Yes
Ind fixed effects	Yes	Yes
Cluster	Yes	Yes
N	12564	12564
Adj. R^2	0.153	0.153

注：***、**和*分别表示在1%、5%和10%水平下显著（双尾）。

3. 时滞效应

模型（8-1）采用同一期数据进行回归，发现上市公司董事长—总经理的权力差距具有提高企业绩效的作用。由于企业的绩效表现存在滞后实施的可能性，因此本章将当年董事长—总经理权力差距与滞后一期的企业净资产回报率（ROE_{t+1}）进行回归，回归结果如表8-13所示。表8-13的结果显示，权力差距综合指标1（POWER_SUM）和权力差距综合指标2（POWER_PCA）的系数均为0.002，且分别在1%和5%水平下显著。时滞效应的检验结果符合研究假设8-1的推断。

表 8 – 13　时滞效应模型

变量	ROE$_{t+1}$	
	(1)	(2)
POWER_SUM	0.002***	—
	(2.60)	
POWER_PCA	—	0.002**
		(2.38)
SIZE	0.014***	0.014***
	(7.42)	(9.16)
LEV	−0.079***	−0.079***
	(−7.16)	(−7.35)
CASH	0.052***	0.052***
	(4.35)	(5.33)
TAN	−0.074***	−0.074***
	(−6.63)	(−7.96)
BOARDSIZE	−0.007	−0.006
	(−0.70)	(−0.87)
INDEP	−0.089***	−0.090***
	(−2.79)	(−3.75)
CR1	0.042***	0.042***
	(4.22)	(5.97)
INST_HOLD	0.062***	0.062***
	(8.66)	(12.10)
SOE	−0.027***	−0.027***
	(−7.70)	(−10.54)
CEOMTB	0.006	0.006
	(1.23)	(1.44)
Year fixed effects	Yes	Yes
Ind fixed effects	Yes	Yes
Cluster	Yes	Yes
N	12435	12435
Adj. R^2	0.095	0.095

注：***、**和*分别表示在1%、5%和10%水平下显著（双尾）。

4. 内生性问题

由于上市公司董事长和总经理的选择和任命可能受到公司自身特征以及其他不可观测因素的影响，因此董事长—总经理形成的权力差距与企业绩效可能存在内生性问题。为了解决内生性问题，本章利用工具变量法，引入同行业同年度董事长—总经理权力差距的平均值（AVGPOWER）和权力差距的滞后一期变量（$POWER_{t-1}$），对本章的主要研究假设 8 – 1 进行回归检验。第一阶段，利用 AVGPOWER 和 $POWER_{t-1}$ 以及其他控制变量对权力差距（POWER_SUM）进行回归，求出权力差距的拟合值。第二阶段，利用第一阶段计算出来的权力差距拟合值以及其他控制变量对企业绩效进行回归。2SLS 两阶段工具变量的回归结果如表 8 – 14 所示。从工具变量第二阶段的结果可以看出，权力差距的系数仍然显著为正，这说明采用工具变量法在解决内生性问题后，权力差距仍然对企业绩效有促进作用。并且，本书也对该模型进行了是否存在弱工具变量的检验。弱工具变量的检验显示，F 值较大，拒绝原假设，即不存在弱工具变量。工具变量法的回归结果与本章的研究结论相一致。

表 8 – 14 工具变量法回归结果

变量	第一阶段	第二阶段
	POWER_SUM	ROE
POWER_SUM	—	0.002 **
		(2.50)
AVGPOWER	0.331 ***	—
	(4.02)	
$POWER_{t-1}$	0.824 ***	—
	(140.20)	
SIZE	0.028 ***	0.025 ***
	(2.94)	(20.51)
LEV	−0.128 **	−0.155 ***
	(−2.35)	(−22.62)
CASH	0.005	0.039 ***
	(0.06)	(3.62)

续表

变量	第一阶段	第二阶段
	POWER_SUM	ROE
TAN	0.037	−0.117***
	(0.54)	(−13.38)
BOARDSIZE	0.063	−0.008
	(1.08)	(−1.10)
INDEP	−0.367*	−0.121***
	(−1.76)	(−4.57)
CR1	−0.022	0.018**
	(−0.33)	(2.05)
INST_HOLD	0.045	0.058***
	(0.92)	(9.37)
SOE	−0.167***	−0.025***
	(−7.55)	(−8.77)
CEOMTB	−0.171***	0.007*
	(−5.32)	(1.78)
Year fixed effects	Yes	Yes
Ind fixed effects	Yes	Yes
N	9883	9883
Pseudo R^2	0.687	0.163
弱工具变量检验	9878***	

注：***、**和*分别表示在1%、5%和10%水平下显著（双尾）。

五、本章小结

　　企业绩效是企业的财务决策、治理水平以及经营发展的综合结果，也关乎企业未来的经营发展以及利益相关者的切身利益，因此，企业绩效受到股东、债权人等的重点关注。本章考察了董事长—总经理权力差距与企业绩效的关系，并从企业内外部因素考察了权力差距与企业绩效之间的逻辑关系。以2009～2016年董事长和总经理"两职分离"的上市公司为研究样本，对董事长—总经理权力差距与上市公司绩效表现——净资产回报率的关系进行了检验，本章得出以下结论。

首先，董事长和总经理权力差距与上市公司净资产回报率呈正相关关系。随着上市公司董事长—总经理权力差距的增大，高管团队内部可以形成更加稳定的秩序，团队内冲突更少，上下级之间形成良好的沟通和互动，进而有利于企业做出科学合理的决策，并且可以优化公司治理水平，最终有利于改善企业的绩效表现。根据权力的不同维度，本章还探究了所有权权力差距、专家权权力差距以及声望权权力差距对企业绩效的影响，研究发现，所有权权力差距和声望权权力差距会对企业的绩效有显著正向促进作用，而专家权权力差距有一定的负向作用，这可能是由于当上市公司总经理的专家权较低时，其专业能力更差，缺乏丰富的经验和知识，尽管权力差距有利于减少组织冲突和经理人自利行为，却无法对改善公司绩效发挥显著作用。本章对上述结论进行了稳健性检验和内生性测试，本章的结论依然成立。

其次，本章进一步从股权结构、外部治理环境以及产权性质三个方面探讨了权力差距与企业绩效之间的逻辑关系。研究发现，权力差距与企业绩效的关系在股权分散、外部治理环境较差以及国有企业中更显著，这表明董事长—总经理权力差距可以在企业决策效率较低以及公司治理效率较低时，发挥改善公司决策过程以及公司治理的作用，最终提升企业绩效。

第九章 研究结论与建议

一、研究结论

董事长和总经理构成了我国上市公司最基本和最显著的高管团队，两职之间的权力配置对于高管团队的决策、运作以及企业经营发展具有重大的影响。理论上，董事长是组织的法人代表和董事会主席，负责公司重大决策和战略制定，总经理是经理层代表，负责公司的日常经营以及战略目标的实施。董事长与总经理是委托代理关系，董事长在职位上的权力高于总经理，两者权力界限清晰。现实中，企业中的高管个人权力不仅来源于在企业中的职位，而且受到个人能力、社会关系、资源、技能、社会地位等带来的影响，例如工作年限较长的高管可能在企业中的话语权更高，从而导致其权力更大。因此，高管个人特征的不同会导致高管之间的权力排序与在组织中的职位所带来的权力排序出现差异，进而可能引发高管之间的地位冲突以及权力斗争等问题，最终会严重阻碍公司治理以及经营发展。因此，本书利用我国 2009～2016 年董事长和总经理"两职分离"的上市公司为研究样本，从权力差距角度深入探究了董事长和总经理之间的权力配置问题以及由此带来的经济后果。

第一，本书对 2009～2016 年上市公司董事长和总经理"两职分离"的公司数量和占比进行了统计。数据显示，2009～2016 年"两职分离"的上市公司数量逐年递增，但是占比呈略微下降趋势，尤其是在 2010 年及 2011 年，有较为明显的下降趋势，但是"两职分离"的公司占比仍然保持在 70% 以上，这说明我国"两职分离"的上市公司仍然是大多数，探究"两职分离"公司董事长和总经理的权力配置问题具有重要意义。接着本书从高管权力的所有权、专家权和声望权三个维度刻画上市公司董事长和总经理的权力差距，并进行了详细的描述性统计。从所有权维度来看，在持股比例以及是否来自股东单位两个指标上，董事长比总经理具有优势的样本占比高于30%。从专家权维度的三个指标来看，董事长比总经理具有优势的样本占比均低于30%。而从声望权维度来看，在兼任其他公司董事以及政治声望两个指标上，董事长比总经理具有优势的样本占比高于30%。通过从多个维度、多个层次对董事长和总经理的权力差距进行统计分析，可以帮助读者更好地理解我国上市公司董事长和总经理的权力配置现状。

第二，本书利用构建的权力差距指标，检验了我国上市公司董事长—总经理权力差距对企业融资行为——债务融资的影响。研究发现，随着上市公司董事长—总经理权力差距的增大，企业获得了更多的债务融资规模以及更低的债务融资成本。接着，以权力差距的三个维度以及九个具体指标作为解释变量，探究了对债务融资的影响，研究发现不同的维度和指标对债务融资的影响存在一定的差异，所有权权力差距对于债务融资行为的影响最大，其次是声望权权力差距，专家权权力差距影响最小。进一步地，本书从企业内外部因素考察了权力差距与债务融资行为之间的逻辑关系。研究发现权力差距与债务融资行为的关系在内部控制质量较差、外部治理环境较差以及行业竞争程度较高时更明显，这表明董事长—总经理权力差距可以通过改善公司内部治理提高企业融资效率。综上所述，董事长—总经理存在权力差距可以提高企业的债务融资能力，债务融资规模更大，债务融资成本更低。

第三，本书利用构建的权力差距指标，检验了我国上市公司董事长—总经理权力差距对企业投资行为——投资效率的影响。研究发现，董事长—总经理之间的权力差距越大，企业的投资效率越高，表现为更少的过度投资和投资不足。同样，本书区分了权力差距的不同维度和九个具体指标并进行探究，发现不同的维度和指标对企业投资效率的影响存在一定的区别，所有权权力差距和声望权权力差距具有较大影响，专家权权力差距没有显著影响。进一步地，本书还从薪酬安排角度考察了董事长监督动力在权力差距中的作用以及政府治理类型对上述关系的影响，研究发现当董事长在上市公司领取薪酬时以及企业所处地区的政府干预水平较低时（规制型政府），权力差距对投资效率的影响更加明显。综上所述，董事长—总经理存在权力差距可以改善上市公司的投资效率，减少投资不足和过度投资。

第四，本书检验了上市公司董事长—总经理权力差距的经济后果，主要考察了对企业绩效的影响。研究发现，董事长—总经理之间的权力差距越大，企业的绩效表现越好。同样，本书区分了权力差距的不同维度和九个具体指标并进行探究，发现不同的维度和指标对企业经营效率的影响存在一定的区别，所有权权力差距的绩效提升效应最为明显，声望权权力差距次之，而专家权权力差距的存在可能会降低企业绩效，这可能源于作为企业经营活动的主要负责人，若总经理的专家权过低，表明总经理的专业能力较差，不利于企业整体的经营和发展。进一步地，本书还从企业内外部因素考察了权力差距与企业绩效之间的逻辑关系。研究发现权力差距对企业绩效的提升效应在股权分散、外部治理环境较差以及国有企业中更加明显，这表明董事长—总经理权力差距可以通过改善公司决策过程以及公司治理提升企业绩效。综上所述，董事长—总经理存在权力差距可以提升企业绩效表现。本书的研究结论为权力差距在中国文化背景下是否可以产生正面作用提供了进一步的经验证据。

二、政策建议

合理的高管团队配置以及良好的高管互动是保证企业做出科学合理决策以及改善公司治理的前提，也是企业价值驱动的重要保障。在我国，由于长期受到儒家等级观念的影响，个体之间的互动更易受到权力和地位的影响，在企业中也是如此。为了保持团队的秩序以及良好互动，团队中的"一把手"必须有足够的权威，这样不仅可以维护团队秩序和组织有效性，避免权力斗争和内部竞争，而且可以提高团队的决策效率和决策质量，对于企业具有积极的后果。本书通过对上市公司最高领导二元体董事长和总经理权力配置的经济后果进行探究，对企业、广大投资者以及政府部门提供了重要的借鉴意义，基于此，本书提出以下几点建议。

（一）优化企业内部决策过程

企业的决策是由企业的高管做出的，因此决策的有效性必然受到整个团队有效性的影响。在企业中，董事长和总经理对于企业的决策具有决定性的影响，根据公司治理的机制，董事长与总经理是委托代理关系，两者之间应该形成稳定的团队秩序。然而现实中，无数证据表明，许多组织都受到权力斗争和内部政治的困扰，董事长与总经理无法形成有效配合的情况时有发生，甚至出现由于团队秩序混乱最终失败或者解体。团队的秩序是领导有效和决策高效的前提，因此为了确保企业内部决策的有效性，本书建议上市公司进一步优化公司内部决策过程，避免上市公司出现议而不决、决而不行的情况发生，从而提高企业的决策效率。

（二）完善企业内部治理机制

委托代理理论指出，由于信息不对称以及目标不一致的存在，企业中的经理人存在道德风险和逆向选择问题，经理人可能利用自己的职位和权力进行"寻租"。其中，董事长—总经理"两职分离"的公司治理机制可以促使企业更好地监督和约束以总经理为代表的经理人。然而，"两职分离"的公司仍然存在无法有效监督经理人的情况，例如，当总经理具有较高的权力时，总经理可以通过聘任与自己亲密的人员进入董事会从而干预董事会决策，又或者总经理与董事长形成分庭抗礼的局面，产生地位冲突。因此，在"两职分离"情况下，如何更好地监督和约束总经理的行为是公司治理的重要挑战。本书的研究发现在"两职分离"状态下，董事长与总经理形成一定的权力差距有助于提高团队的有效性，发挥有效的监督治理作用，最终促使经理人做出有利于企业价值的决策。本书的研究结论有助于企业进一步完善公司内部治理机制，当企业存在较为严重的股东经理人代理问题，并且无法通过公司正式的治理机制发挥监督作用时，公司可以考虑优化高管团队人员的权力配置，例如通过选择更加有权威的领导者——董事长，从而帮助企业做出更有效的决策以及发挥更有效的监督作用，抑制经理人的自利行为，最终维护股东、投资者、债权人等利益相关者的权益。

（三）加强企业高管团队建设

企业高管团队建设对于企业的决策和营运具有非常重要的影响，因此必须加强企业内部高管团队建设。上市公司董事长和总经理构成了企业最显著和最基本的高管团队，其两职之间的协作和配合对于上市公司来说尤其重要。首先，对于我国的国有企业来说，由于董事长和总经理是由上级政府部门直接指派，可能在聘任过程中缺乏对两者个人具体情况的考虑，因此造成董事长和总经理无法形成有效合作、企业管理混乱、总经理越位等问题。因此，国有企业在对高管团队成员选用上，应该更加注重将市场化的选聘和董事会的选择权结合起来，落实董事会选人用人权，建设高素质经营管理队伍和人才队伍。其次，一些企业在选人时缺乏系统性标准，往往都是抽象的指标，并且缺乏市场化的退出通道，在一定程度上抑制了企业领导人员的活力，因此，企业在构建领导队伍时，应该有更加明晰的进入与退出机制。最后，企业在选拔管理人员时，还应该充分考虑高管人员的搭配问题，促进企业领导人员形成和谐高效的沟通和合作，为上市公司的长期健康发展增加助力。

三、研究不足与展望

尽管，本书试图尽可能全面详尽地刻画了上市公司董事长和总经理之间的权力差距，并对其与公司经济行为进行了理论和实证研究，也得出了一些有意义的结果，但是本书仍然可能存在以下研究不足：

第一，本书权力差距的度量存在一定的局限性。高管权力分为结构性权力、所有权权力、专家权力和声望权力。对于结构性权力，主要通过高管的职位高低来度量，较为准确合理。而对于除结构性权力以外的权力度量，现有研究将权力与高管个人能力、社会资源、经验、社会地位等联系，采用高管个人特征，如学历、任职期限、政治声望等进行度量。这种度量方式相对比较间接，存在一定的局限性和争议。因此，进一步探索更为直接合理的高管权力的度量指标是未来继续深入研究的重要挑战。

第二，本书研究模型的合理性。本书的研究发现企业中"一把手"需要足够的权威和权力，从而可以维持团队秩序，促进组织成员之间的互动和沟通，进而帮助企业做出更加科学合理的决策，并且可以改善公司治理水平，最终有利于企业价值的提升。本书主要采用多元线性模型进行上述检验，这一点可能存在一定的局限和不足。上市公司中董事长和总经理之间的权力差距尽管可以发挥上述作用，但可能存在非线性的关系。本书在模型设定和实证检验中，也试图探究权力差距对上市公司经济行为的非线性关系。然而，非线性模型的结果并不稳健，考虑到放入非线性的结果可能会引起读者的困惑，因此本书只列示了线性模型的结果。而对于模型设定的合理性，未来需要进一步深入探究。

　　第三，本书对作用机制的检验存在不足。本书认为，董事长和总经理存在一定的权力差距可以通过维持团队秩序、减少内部冲突以及提高信息共享来提升团队的有效性，进而改善企业的投融资效率、创新投入以及企业绩效。对于上述逻辑关系，本书尝试通过区分企业内外部因素的不同情况进行深入的分析和检验，但是由于一些作用机制难以刻画和度量，因此本书无法对权力差距可能存在的作用机制进行一一验证，这也是本书存在的研究不足，未来笔者会进一步考察权力差距的作用机制，从而丰富和完善本书的研究。

　　本书从权力差距刻画了董事长和总经理的权力配置问题，并且进行了详尽的研究，未来针对这一话题，还有进一步拓展的空间：

　　首先，本书主要检验了董事长和总经理权力差距对经济行为的影响，未来可以深入探究董事长—总经理权力差距的影响因素。企业高管的选择和聘任可能与企业特征存在密切联系。对于国有企业来说，董事长和总经理往往都是由政府部门直接指定，那么政府部门在选择聘任董事长和总经理时，是否考虑到企业的特征以及两职之间的权力配置。对于非国有企业来说，总经理的聘任是由董事会负责的，那么什么因素会影响董事会对总经理的选择？该问题值得未来进一步地探究。

　　其次，本书主要基于2009～2016年全样本的数据进行探究，未来的研究可以选取高管变更这一事件进行更为有意义且深入的探索。例如，在董事长不变，而总经理变更的样本中，董事会如何选择总经理，企业又会形成怎样的两职权力配置。或者，在总经理不变，而董事长卸任后，两职之间的权力差距是否还会对企业经济行为产生影响。

最后，本书主要研究了董事长和总经理两职之间的权力配置问题，而董事长和总经理两者之间的其他特征也会对权力差距的作用产生影响。例如，董事长和总经理是否存在老乡关系、校友关系、共同的兴趣爱好等，这些因素都会影响权力差距对高管财务决策的作用。

参考文献

［1］Adams R. B. , H. Almeida, D. Ferreira. Powerful CEOs and Their Impact on Corporate Performance ［J］. Review of Financial Studies, 2005, 18 （4）: 1403 – 1432.

［2］Agrawal A. , C. Knoeber. Firm Performance and Mechanisms to Control Agency Problems between Managers and Shareholders ［J］. Journal of Financial and Quantitative Analysis, 1996 （30）: 377 – 397.

［3］Akerlof G. A Theory of Social Custom of Which Unemployment May Be One Consequence ［J］. Quarterly Journal of Economics , 1980 （94）: 749 – 775.

［4］Anderson C. , C. E. Brown. The Functions and Dysfunctions of Hierarchy ［J］. Research in Organizational Behavior, 2010, 30 （1）: 55 – 89.

［5］Arrow K. J. The Economic Implications of Learning by Doing ［J］. Review of Economic Studies, 1962, 29 （3）: 155 – 173.

［6］Astley W. G. , P. S. Sachdeva. Structural Sources of Intraorganizational Power: A Theoretical Synthesis ［J］. The Academy of Management Review, 1984, 9 （1）: 104 – 113.

［7］Bantel K. A. , S. E. Jackson. Top Management and Innovations in Banking: Does the Composition of the Top Team Make a Difference ［J］. Strategic Management Journal, 1989, 10 （S1）: 107 – 124.

［8］Barkema H. G. , O. Shvyrkov. Does Top Management Team Diversity Promote or Hamper Foreign Expansion ［J］. Strategic Management Journal, 2007, 28 （7）: 663 – 680.

[9] Barua A., L. F. Davidson, D. V. Rama, S. Thiruvadi. CFO Gender and Accruals Quality [J]. Accounting Horizons, 2010, 24 (1): 25 – 39.

[10] Baysinger B. D., H. N. Butler. Corporate Governance and the Board of Directors: Performance Effects of Changes in Board Composition [J]. Journal of Law, Economics, & Organization, 1985, 1 (1): 101 – 124.

[11] Bebchuk L. M. Creamers, U. Peyer. The CEO Pay Slice [J]. Journal of Financial Economics, 2011, 102 (1): 199 – 221.

[12] Bebchuk L. A., J. M. Fried. Executive Compensation as an Agency Problem [J]. Journal of Economic Perspectives, 2003, 17 (3): 71 – 92.

[13] Bebchuk L. A., J. M. Fried, D. I. Walker. Managerial Power and Rent Extraction in the Design of Executive Compensation [J]. University of Chicago Law Review, 2002, 69 (3): 751 – 846.

[14] Beck M. J., E. G. Mauldin. Who's Really in Charge? Audit Committee versus CFO Power and Audit Fees [J]. Accounting Review, 2014, 89 (6): 2057 – 2085.

[15] Bendersky C., N. A. Hays. Status Conflict in Groups [J]. Organization Science, 2012, 23 (2): 323 – 340.

[16] Berger P. G., E. Ofek, D. L. Yermack. Managerial Entrenchment and Capital Structure Decisions [J]. Journal of Finance, 1997, 52 (4): 1411 – 1438.

[17] Bertrand M., S. Mullainathan. Enjoying the Quiet Life? Corporate Governance and Managerial Preferences [J]. Journal of Political Economy, 2003, 111 (5): 1043 – 1075.

[18] Bhagat S., B. Black. The Non – Correlation between Board Independence and Long – Term Firm Performance [J]. Journal of Corporation Law, 2002 (27): 231 – 273.

[19] Biddle G. C., G. Hilary, R. S. Verdi. How Does Financial Reporting Quality Relate to Investment Efficiency [J]. Journal of Accounting and Economics, 2009 (48): 112 – 131.

[20] Blake M. K., S. Hanson. Rethinking Innovation: Context and Gender

[J] . Environment and Planning A, 2005, 37 (4): 681 –701.

[21] Blau, P. M. , W. R. Scott. 1962 Formal Organizations [M] . San Francisco: Chandler, 1962.

[22] Boone C. , W. Olffen, V. Witteloostuijn, B. Brabander. The Genesis of Top Management Team Diversity: Selective Turnover among Top Management Team in Dutch Newspaper Publishing, 1970 – 94 [J] . Academy of Management Journal, 2004, 47 (5): 633 –656.

[23] Boyd B. K. CEO Duality and Firm Performance: A Contingency Model [J] . Strategic Management Journal, 1995, 16 (4): 301 –312.

[24] Boyd B. K. , K. T. Haynes, F. Zona. Dimensions of CEO – Board Relations [J] . Journal of Management Studies, 2011, 48 (8): 1892 –1923.

[25] Brew F. P. , R. C. David. Styles of Managing Interpersonal Workplace Conflict in Relation to Status and Face Concern: A Study with Anglos and Chinese [J] . The International Journal of Conflict Management, 2004, 1 (51): 27 –56.

[26] Brickley J. A. , J. L. Coles, Jarrell G. Leadership Structure: Separating the CEO and Chairman of the Board [J] . Journal of Corporate Finance, 1997, 3 (3): 189 –220.

[27] Brickley J. A. , L. C. Jeffrey, L. T. Rory. Outside Directors and the Adoption of Poison Pills [J] . Journal of Financial Economics, 1994, 35 (3): 371 –390.

[28] Bushman R. , A. Smith. Financial Accounting Information and Corporate Governance [J] . Journal of Accounting and Economics, 2001 (32): 237 –333.

[29] Camelo – Ordaz C. , R. Hernandez. The Relationship between Top Management Teams and Innovative Capacity in Companies [J] . Journal of Management Development, 2005, 24 (8): 683 –705.

[30] Chen H. L. Board Capital, CEO Power and R&D Investment in Electronics Firms [J] . Corporate Governance: An International Review, 2014, 22 (5): 422 –436.

[31] Cheng S. Board Size and the Variability of Corporate Performance [J] .

Journal of Financial Economics, 2008, 87 (1): 157 – 176.

[32] Chintrakarn P. , P. Jiraporn, M. Singh. Powerful CEOs and Capital Structure Decisions: Evidence from the CEO Pay Slice (CPS) [J] . Applied Economics Letters, 2014, 21 (8): 564 – 568.

[33] Custodio C. , M. Ferreira, P. Matos. Do General Managerial Skills Spur Innovation [J] . Social Science Electronic Publishing, 2013, 24 (4): 543 – 570.

[34] Dafny L. , M. Varela. An Individual Health Plan Exchange: Which Employees would Benefit and Why [J] . American Economic Review, 2010 (100): 485 – 489.

[35] Dewett T. Creativity and Strategic Management [J] . Journal of Managerial Psychology, 2004, 19 (2): 156 – 169.

[36] Donaldson L. A Rational Basis for Criticisms of Organizational Economics: A Reply to Barney [J] . Academy of Management Review, 1990a (15): 394 – 401.

[37] Donaldson L. The Ethereal Hand: Organizational Economics and Management Theory [J] . Academy of Management Review, 1990b (15): 369 – 381.

[38] Du X. Does Confucianism Reduce Board Gender Diversity? Firm – Level Evidence from China [J] . Journal of Business Ethics, 2016, 136 (2): 399 – 436.

[39] Du X. Does Religion Matter to Owner – Manager Agency Costs? Evidence from China [J] . Journal of Business Ethics, 2013, 118 (2): 319 – 347.

[40] Du X. , W. Jian, Q. Zeng. Corporate Environmental Responsibility in Polluting Industries: Does Religion Matter [J] . Journal of Business Ethics, 2014, 124 (3): 485 – 507.

[41] Dyreng S. D. , W. J. Mayew, C. D. Williams. Religious Social Norms and Corporate Financial Reporting [J] . Journal of Business Finance and Accounting, 2012, 39 (7 – 8): 845 – 875.

[42] Eisenhardt K. M. Agency Theory: An Assessment and Review [J] . The Academy of Management Review, 1989, 14 (1): 57 – 74.

[43] Eisenhardt K. M. , L. J. Bourgeois. Politics of Strategic Decision Making in High Velocity Environments: Toward A Midrange Theory [J] . Academy of Man-

agement Journal, 1988, 31 (4): 737 – 770.

[44] Elster J. Social Norms and Economic Theory [J]. Journal of Economic Perspectives, 1989 (3): 99 – 117.

[45] Emerson R. M. Power – Dependence Relations [J]. American Sociological Review, 1962, 27 (1): 31 – 41.

[46] Fairfax M. L. Separation Anxiety: A Cautious Endorsement of the Independence Board Chair [J]. Indiana Law Review, 2014 (47): 237 – 270.

[47] Faleye O. Does One Hat Fit All? The Case of Corporate Leadership Structure [J]. Journal of Management & Governance, 2007, 11 (3): 239 – 259.

[48] Fama E. F. Agency Problems and the Theory of the Firm [J]. General Information, 1980, 88 (2): 288 – 307.

[49] Finkelstein S. , R. A. D'Aveni. CEO Duality as A Double – Edged Sword: How Boards of Directors Balance Entrenchment Avoidance and Unity of Command [J]. Academy of Management Journal, 1994, 37 (5): 1079 – 1108.

[50] Finkelstein S. Power in Top Management Teams: Dimensions, Measurement and Validation [J]. Academy of Management Journal, 1992 (35): 505 – 538.

[51] Finkelstein S. , D. C. Hambrick, A. A. Cannella. Strategic Leadership: Theory and Research on Executives, Top Management Teams, and Boards [M]. New York: Oxford University Press, 2009.

[52] Fiske S. T. , J. Berdahl. Social power. In A. W. Kruglanski & E. T. Higgins (eds.), Social Psychology: Handbook of Basic Principles [M]. New York: Guilford, 2007: 678 – 694.

[53] Fiske S. T. Controlling Other People: The Impact of Power on Stereotyping [J]. American Psychologist, 1993 (48): 621 – 628.

[54] Fracassi C. , G. Tate. External Networking and Internal Firm Governance [J]. The Journal of Finance, 2012, 67 (1): 153 – 194.

[55] French J. , B. Raven. The Bases of Social Power [M] // D. Cartwright. Studies in Social Power. Michigan: University of Michigan Press, 1959.

[56] Galasso A. , T. S. Simcoe. CEO Overconfidence and Innovation [J].

Management Science, 2011, 57 (8): 1469 – 1484.

[57] Goyal V. K. , C. W. Park. Board Leadership Structure and CEO Turnover [J] . Journal of Corporate Finance, 2002, 8 (1): 49 – 66.

[58] Grabke – Rundell A. , L. R. Gomez – Mejia. Power as a Determinant of Executive Compensation [J] . Human Resource Management Review, 2002, 12 (1): 3 – 23.

[59] Greve H. , H. Mitsuhashi. Power and Glory: Concentrated Power in Top Management Teams [J] . Organization Studies, 2007 (28): 1197 – 1221.

[60] Grossman S. J. , O. D. Hart. Corporate Financial Structure and Managerial Incentives [M] . Chicago: University of Chicago Press, 1982.

[61] Hadlock C. J. Ownership, Liquidity and Investment [J] . Journal of Economics, 1998, 29 (3): 487 – 508.

[62] Haleblian J. , S. Finkelstein. Top Management Team Size, CEO Dominance and Firm Performance: The Moderating Roles of Environmental Turbulence and Discretion [J] . Academy of Management Journal, 1993 (36): 844 – 863.

[63] Halevy N. , E. Y. Chou, A. D. Galinsky. A Functional Model of Hierarchy: Why, How, and When Vertical Differentiation Enhances Group Performance [J] . Organizational Psychology Review, 2011, 1 (1): 32 – 52.

[64] Hambrick D. C. , P. A. Mason. Upper Echelons: The Organization as a Reflection of Its Top Managers [J] . Academy of Management Review, 1984, 9 (2): 193 – 206.

[65] Hambrick D. C. , T. S. Cho, M. J. Chen. The Influence of Top Management Team Heterogeneity on Firms' Competitive Moves [J] . Administrative Science Quarterly, 1996, 41 (4): 659 – 684.

[66] Han S. , V. K. Nanda, S. Silveri. CEO Power and Firm Performance under Pressure [J] . Financial Management, 2016, 45 (2): 369 – 400.

[67] Haunschild P. R. Interorganizational Imitation: The Impact of Interlocks on Corporate Acquisition Activity [J] . Administrative Science Quarterly, 1993 (38): 564 – 592.

[68] Hawley A. H. Community Power and Urban Renewal Success [J]. American Journal of Sociology, 1963 (68): 422 – 431.

[69] Healy P. M. The Effect of Bonus Schemes on Accounting Decisions [J]. Journal of Accounting and Economics, 1985 (7): 85 – 107.

[70] Hermalin B., M. Weisbach. Endogenously Chosen Boards of Directors and Their Monitoring of the CEO [J]. American Economics Review, 1998, 88 (1): 96 – 118.

[71] Hermalin B. E., M. S. Weisbach. The Effects of Board Composition and Direct Incentives on Firm Performance [J]. Financial Management, 1991: 101 – 112.

[72] Hofstede G. H. Motivation. Leadership, and Organization: Do American Theories Apply Abroad [J]. Organization Dynamics, 1980, 9 (1): 42 – 58.

[73] Jaffee D. M., T. Russell. Imperfect Information, Uncertainty, and Credit Rationing [J]. The Quarterly Journal of Economics, 1976 (90): 651 – 666.

[74] Jensen M. C. Agency Cost of Free Cash Flow, Corporate Finance, and Takeovers [J]. American Economic Review, 1986, 76 (2): 323 – 329.

[75] Jensen M. C., W. H. Meckling. Theory of the Firm: Managerial Behavior, Agency Costs and Ownership Structure [J]. Journal of Financial Economics, 1976 (3): 305 – 360.

[76] Johnson S., R. La Porta, F. Lopez – de – Silanes, A. Shleifer. Tunneling [J]. American Economic Review, 2000, 90 (2): 22 – 27.

[77] Kang S., K. Praveen, H. Lee. Agency and Corporate Investment: The Role of Executive Compensation and Corporate Governance [J]. Journal of Business, 2006, 79 (3): 1127 – 1147.

[78] Karaevli A., E. J. Zajac. When Do Outsider CEOs Generate Strategic Change? The Enabling Role of Corporate Stability [J]. Journal of Management Studies, 2013, 50 (7): 1267 – 1294.

[79] Kato T., C. Long. CEO Turnover, Firm Performance and Enterprise Reform in China: Evidence from Micro Data [J]. Journal of Comparative Economics,

2006 (34): 796 – 817.

[80] Keltner D. J., D. H. Gruenfeld, C. Anderson. Power, Approach, and Inhibition [J]. Psychological Review, 2003 (110): 265 – 284.

[81] Kor Y. Y. Direct and Interaction Effects of Top Management Team and Board Composition on R&D Investment Strategy [J]. Strategic Management Journal, 2006, 27 (11): 1081 – 1099.

[82] Krause R., P. Richard, L. Leonard. Who's in Charge Here? Co – CEOs, Power Gaps, and Firm Performance [J]. Strategic Management Journal, 2015, 36 (13): 2099 – 2110.

[83] La Porta R., A. Shleifer, R. Vishny. Investor Protection and Corporate Valuation [J]. Journal of Finance, 2002 (57): 1147 – 1170.

[84] Lee J., J. Park, S. Park. Revisiting CEO Power and Firm Value [J]. Applied Economics Letters, 2015, 22 (8): 597 – 602.

[85] Lewellyn K. B., M. I. Muller – Kahle. CEO Power and Risk Taking: Evidence from The Subprime Lending Industry [J]. Social Science Electronic Publishing, 2012, 20 (3): 289 – 307.

[86] Li W., Y. Lu, S. Makino, C. M. Lau. National Power Distance, Status Incongruence, and CEO Dismissal [J]. Journal of World Business, 2017, 52 (6): 809 – 818.

[87] Liden R. C., D. Stilwell, G. R. Ferris. The Effects of Supervisor and Subordinate Age on Objective Performance and Subjective Performance Ratings [J]. Human Relations, 1996, 49 (3): 327 – 347.

[88] Lipton M., J. W. Lorsch. A Modest Proposal for Improved Corporate [J]. Governance Business Lawyer, 1992, 68 (1): 282 – 287.

[89] Lu Z., J. Zhu, W. Zhang. Bank Discrimination, Holding Bank Ownership, and Economic Consequences: Evidence from China [J]. Journal of Banking & Finance, 2012, 36 (2): 341 – 354.

[90] Magee J. C., A. D. Galinsky. Social Hierarchy: The Self – rein – forcing Nature of Power and Status [J]. The Academy of Management Annals, 2008, 2

(1): 351 – 398.

[91] Malmendier U. , G. Tate. Superstar CEOs [J] . Quarterly Journal of Economics, 2009 (4): 1593 – 1638.

[92] Mcguire S. T. , T. C. Omer, N. Y. Sharp. The Impact of Religion on Financial Reporting Irregularities [J] . Accounting Review, 2012, 87 (2): 645 – 673.

[93] Morse A, V. Nanda, A. Seru. Are Incentive Contracts Rigged by Powerful CEOs [J] . The Journal of Finance, 2011, 66 (5): 1779 – 1821.

[94] Murphy K. J. Explaining Executive Compensation: Managerial Power Versus the Perceived Cost of Stock Options [J] . U. Chn. L. Rev, 2002 (69): 847.

[95] Myers S. C. , N. S. Majluf. Corporate Financing and Investment Decisions When Firms Have Information that Investors do not Have [J] . Journal of Financial Economics, 1984, 13 (2): 187 – 221.

[96] North D. Institutions, Institutional Change and Economic Performance [M] . Cambridge: Cambridge University Press, 1990.

[97] Patel P. , D. Cooper. Structural Power Equality between Family and Non – family TMT Members and the Performance of Family Firms [J] . Academy of Management Journal, 2014 (57): 1624 – 1649.

[98] Pathan S. Strong Boards, CEO Power and Bank Risk – Taking [J] . Journal of Banking & Finance, 2009, 33 (7): 1340 – 1350.

[99] Pfeffer J. , G. R. Salancik. The External Control of Organizations: A Resource Dependence Perspective [J] . The Academy of Management Review, 1979, 23 (2): 309 – 310.

[100] Pfeffer, J. Power in Organizations [M] . Marshfield: Pitman Publishing, 1981.

[101] Pollock T. G. , H. M. Fisher, J. B. Wade. The Role of Power and Politics in the Repricing of Executive Options [J] . Academy of Management Journal, 2002, 45 (6): 1172 – 1182.

[102] Richardson S. Over – investment of Free Cash Flow [J] . Review of Accounting Studies, 2006, 11 (2): 159 – 189.

[103] Roberto M. A. The Stable Core and Dynamic Periphery in Management Teams [J]. Management Decision, 2003, 41 (2): 120 – 131.

[104] Ross S. A. The Economic Theory of Agency: The Principal's Problem [J]. The American Economic Review, 1973, 63 (2): 134 – 139.

[105] Sariol A. M., M. A. Abebe. The Influence of CEO Power on Explorative and Exploitative Organizational Innovation [J]. Journal of Business Research, 2017 (73): 38 – 45.

[106] Shahbaz S. The Impact of Market Competition on the Relation between CEO Power and Firm Innovation [J]. Journal of Multinational Financial Management, 2018 (44): 36 – 50.

[107] Shao R., D. E. Rupp, D. P. Skarlicki, K. S. Jones. Employee Justice across Cultures: A Meta – analytic Review [J]. Journal of Management, 2013, 39 (1): 263 – 301.

[108] Smith A., S. Houghton, J. Hood, J. Ryman. Power Relationships among Top Managers: Does Top Management Team Power Distribution Matter for Organizational Performance [J]. Journal of Business Research, 2006 (59): 622 – 629.

[109] Smith K. G., K. A. Smith, J. D. Olian. Top Management Team Demography and Process: The Role of Social Integration and Communication [J]. Administrative Science Quarterly, 1994 (39): 412 – 438.

[110] Stein J. C. Agency, Information and Corporate Investment [J]. Handbook of The Economics of Finance, 2003 (1): 111 – 165.

[111] Stulz R. Managerial Control of Voting Rights: Financing Policies and the Market for Corporate Control [J]. Journal of Financial Economics, 1988 (20): 25 – 54.

[112] Sun J., L. Ding, J. M. Guo, Y. Li. Ownership, Capital Structure and Financing Decision: Evidence from the UK [J]. British Accounting Review, 2013, 48 (4): 448 – 463.

[113] Sunder J., V. S. Shyam, J. Zhang. Pilot CEOs and Corporate Innovation [J]. Journal of Financial Economics, 2017, 123 (1): 209 – 224.

[114] Taylor J. B. The Monetary Transmission Mechanism: An Empirical Frame-

work [J]. The Journal of Economic Perspectives, 1995 (9): 11 – 26.

[115] Tsui A. S., C. A. O'Reilly. Beyond Simple Demographic Effects: The Importance of Relational Demography in Superior – Subordinate Dyads [J]. Academy of Management Journal, 1989, 32 (2): 402 – 423.

[116] Tsui A. S., K. Xin, T. D. Egan. Relational Demography: The Missing Link in Vertical Dyad Linkage [J]. American Psychological Association, 1995: 97 – 129.

[117] Tsui A. S., W. P. Lyman, T. D. Egan. When Both Similarities and Dissimilarities Matter: Extending the Concept of Relational Demography [J]. Human Relations, 2002, 55 (8): 899 – 928.

[118] Van Essen M., P. P. Heugens, J. Otten, J. H. van Oosterhout. An Institution – Based View of Executive Compensation: A Multilevel Meta – Analytic Test [J]. Journal of International Business Studies, 2012, 43 (4): 396 – 423.

[119] Weber M., A. M. Henderson, T. Parsons. The Theory of Social and Economic Organization [M]. New York: Oxford University Press, 1947.

[120] Weisbach M. S. Outside Directors and CEO Turnover [J]. Journal of Financial Economics, 1988 (20): 431 – 460.

[121] Williamson O. The New Institutional Economics: Taking Stock, Looking Ahead [J]. Journal of Economic Literature, 2000 (38): 595 – 613.

[122] Wiseman R. M., L. R. Gomez – Mejia. A Behavioral Agency Model of Managerial Risk Taking [J]. The Academy of Management Review, 1998, 23 (1): 133 – 153.

[123] Withers M. C., M. A. Fitza. Do Board Chairs Matter? The Influence of Board Chairs on Firm Performance [J]. Strategic Management Journal, 2017, 38 (6): 1343 – 1355.

[124] Yang T., S. Zhao. CEO Duality and Firm Performance: Evidence from an Exogenous Shock to the Competitive Environment [J]. Journal of Banking & Finance, 2014 (49): 534 – 552.

[125] Yu M., J. K. Ashton. Board Leadership Structure for Chinese Public Listed Companies [J]. China Economic Review, 2015 (34): 236 – 248.

［126］Zald M. N. The Power and Functions of Boards of Directors: A Theoretical Synthesis ［J］. American Journal of Sociology, 1969, 75 (1): 97 – 111.

［127］Zwiebel J. Dynamic Capital Structure under Managerial Entrenchment ［J］. American Economic Review, 1996 (86): 1197 – 1215.

［128］白重恩, 刘俏, 陆洲, 宋敏, 张俊喜. 中国上市公司治理结构的实证研究 ［J］. 经济研究, 2005 (2): 81 – 91.

［129］曹春方. 政治权力转移与公司投资: 中国的逻辑 ［J］. 管理世界, 2013 (1): 143 – 157.

［130］曹晶, 杨斌, 杨百寅. 高管团队权力分布与企业绩效探究——来自上海和深圳证券交易所上市公司的实证研究 ［J］. 科学学与科学技术管理, 2015, 36 (7): 135 – 145.

［131］陈德球, 李思飞, 钟昀珈. 政府质量、投资与资本配置效率 ［J］. 世界经济, 2012, 35 (3): 89 – 110.

［132］陈汉文, 周中胜. 内部控制质量与企业债务融资成本 ［J］. 南开管理评论, 2014, 17 (3): 103 – 111.

［133］陈运森, 谢德仁. 网络位置、独立董事治理与投资效率 ［J］. 管理世界, 2011 (7): 113 – 127.

［134］陈震, 丁忠明. 基于管理层权力理论的垄断企业高管薪酬研究 ［J］. 中国工业经济, 2011 (9): 119 – 129.

［135］程新生, 谭有超, 刘建梅. 非财务信息、外部融资与投资效率——基于外部制度约束的研究 ［J］. 管理世界, 2012 (7): 137 – 150, 188.

［136］程仲鸣, 夏新平, 余明桂. 政府干预、金字塔结构与地方国有上市公司投资 ［J］. 管理世界, 2008 (9): 37 – 47.

［137］董红晔, 李小荣. 国有企业高管权力与过度投资 ［J］. 经济管理, 2014, 36 (10): 75 – 87.

［138］杜维明. 儒家思想: 近来的象征和实质 ［M］//杜维明文集 (第4卷). 武汉: 武汉出版社, 2002: 228 – 264.

［139］方红星, 金玉娜. 公司治理、内部控制与非效率投资: 理论分析与经验证据 ［J］. 会计研究, 2013 (7): 63 – 69, 97.

［140］方军雄．我国上市公司高管的薪酬存在粘性吗？［J］．经济研究，2009（3）：110－124．

［141］冯根福，温军．中国上市公司治理与企业技术创新关系的实证分析［J］．中国工业经济，2008（7）：91－101．

［142］冯海红，曲婉，孙启新．企业家先验知识、治理模式与创新策略选择［J］．科研管理，2015，36（10）：66－76．

［143］傅晓，李忆，司有和．家长式领导对创新的影响：一个整合模型［J］．南开管理评论，2012，15（2）：121－127．

［144］顾署生，刘杨晖．管理层权力、高质量审计与盈余价值相关性［J］．江西社会科学，2014，34（11）：209－213．

［145］郭建鸾．董事长与总经理两职分合探析［J］．企业管理，2008（11）：92－94．

［146］韩立岩，李慧．CEO 权力与财务危机——中国上市公司的经验证据［J］．金融研究，2009（1）：179－193．

［147］郝颖，谢光华，石锐．外部监管、在职消费与企业绩效［J］．会计研究，2018（8）：42－48．

［148］郝云宏，周翼翔．董事会结构、公司治理与绩效——基于动态内生性视角的经验证据［J］．中国工业经济，2010b（5）：110－120．

［149］郝云宏，周翼翔．股权结构与公司绩效关系研究综述——基于内生性和动态性视角［J］．经济管理，2010a，32（4）：64－71．

［150］何威风，刘启亮．我国上市公司高管背景特征与财务重述行为研究［J］．管理世界，2010（7）：144－155．

［151］何威风．高管团队垂直对特征与企业盈余管理行为研究［J］．南开管理评论，2015，18（1）：141－151．

［152］贺琛，陈少华，余晴．制度环境、管理层权力与盈余管理［J］．现代财经（天津财经大学学报），2014，34（10）：80－95．

［153］贺新闻．管理层民族多元化对企业绩效的影响研究［J］．管理世界，2018，34（7）：176－177．

［154］胡奕明，谢诗蕾．银行监督效应与贷款定价——来自上市公司的一项

经验研究 [J]. 管理世界, 2005 (5): 27 - 36.

[155] 胡元木, 纪端. 董事技术专长、创新效率与企业绩效 [J]. 南开管理评论, 2017, 20 (3): 40 - 52.

[156] 黄海杰, 吕长江, Edward Lee. "四万亿投资"政策对企业投资效率的影响 [J]. 会计研究, 2016 (2): 51 - 57.

[157] 姜付秀, 伊志宏, 苏飞, 黄磊. 管理者背景特征与企业过度投资行为 [J]. 管理世界, 2009 (1): 130 - 139.

[158] 姜付秀, 朱冰, 王运通. 国有企业的经理激励契约更不看重绩效吗? [J]. 管理世界, 2014 (9): 143 - 159.

[159] 蒋德权, 姚振晔, 陈冬华. 财务总监地位与企业股价崩盘风险 [J]. 管理世界, 2018, 34 (3): 153 - 166.

[160] 颉茂华, 王瑾, 刘冬梅. 环境规制、技术创新与企业经营绩效 [J]. 南开管理评论, 2014, 17 (6): 106 - 113.

[161] 靳庆鲁, 孔祥, 侯青川. 货币政策、民营企业投资效率与公司期权价值 [J]. 经济研究, 2012, 47 (5): 96 - 106.

[162] 李成, 吴育辉, 胡文骏. 董事会内部联结、税收规避与企业价值 [J]. 会计研究, 2016 (7): 50 - 57.

[163] 李春涛, 宋敏. 中国制造业企业的创新活动: 所有制和 CEO 激励的作用 [J]. 经济研究, 2010, 45 (5): 55 - 67.

[164] 李端生, 周虹. 高管团队特征、垂直对特征差异与内部控制质量 [J]. 审计与经济研究, 2017, 32 (2): 24 - 34.

[165] 李广子, 刘力. 债务融资成本与民营信贷歧视 [J]. 金融研究, 2009 (12): 137 - 150.

[166] 李欢, 郑杲娉, 李丹. 大客户能够提升上市公司业绩吗? ——基于我国供应链客户关系的研究 [J]. 会计研究, 2018 (4): 58 - 65.

[167] 李婧, 贺小刚, 茆键. 亲缘关系、创新能力与企业绩效 [J]. 南开管理评论, 2010, 13 (3): 117 - 124.

[168] 李胜楠, 牛建波. 高管权力研究的述评与基本框架构建 [J]. 外国经济与管理, 2014, 36 (7): 3 - 13.

［169］李姝，谢晓嫣．民营企业的社会责任、政治关联与债务融资——来自中国资本市场的经验证据［J］．南开管理评论，2014，17（6）：30 - 40，95.

［170］李万福，林斌，宋璐．内部控制在公司投资中的角色：效率促进还是抑制？［J］．管理世界，2011（2）：81 - 99，188.

［171］李维安，姜涛．公司治理与企业过度投资行为研究——来自中国上市公司的证据［J］．财贸经济，2007（12）：56 - 61，141.

［172］李维安，王鹏程，徐业坤．慈善捐赠、政治关联与债务融资——民营企业与政府的资源交换行为［J］．南开管理评论，2015，18（1）：4 - 14.

［173］李文贵，余明桂．民营化企业的股权结构与企业创新［J］．管理世界，2015（4）：112 - 125.

［174］李延喜，陈克兢，刘伶，张敏．外部治理环境、行业管制与过度投资［J］．管理科学，2013，26（1）：14 - 25.

［175］李延喜，陈克兢，姚宏，刘伶．基于地区差异视角的外部治理环境与盈余管理关系研究——兼论公司治理的替代保护作用［J］．南开管理评论，2012，15（4）：89 - 100.

［176］李志军，王善平．货币政策、信息披露质量与公司债务融资［J］．会计研究，2011（10）：56 - 62，97.

［177］林慧婷，王茂林．管理者过度自信、创新投入与企业价值［J］．经济管理，2014，36（11）：94 - 102.

［178］林钟高，丁茂桓．内部控制缺陷及其修复对企业债务融资成本的影响——基于内部控制监管制度变迁视角的实证研究［J］．会计研究，2017（4）：73 - 80，96.

［179］刘凤委，李琦．市场竞争、EVA评价与企业过度投资［J］．会计研究，2013（2）：54 - 62，95.

［180］刘锦，王学军，张三保，叶云龙．CEO非正式权力、正式权力与企业绩效——来自中国民营上市公司的证据［J］．管理评论，2015，27（11）：161 - 169.

［181］刘苹，郑沙沙，吴继红．上下级年龄和性别组合对员工绩效的影响分析［J］．管理现代化，2012（5）：60 - 61.

［182］刘青松，肖星．败也业绩，成也业绩？——国企高管变更的实证研究［J］．管理世界，2015（3）：151-163．

［183］刘星，代彬，郝颖．高管权力与公司治理效率——基于国有上市公司高管变更的视角［J］．管理工程学报，2012，26（1）：1-12．

［184］刘焱，姚海鑫．高管权力、审计委员会专业性与内部控制缺陷［J］．南开管理评论，2014，17（2）：4-12．

［185］刘永丽．管理者团队中垂直对特征影响会计稳健性的实证研究［J］．南开管理评论，2014，17（2）：107-116，128．

［186］刘志远，靳光辉．投资者情绪与公司投资效率——基于股东持股比例及两权分离调节作用的实证研究［J］．管理评论，2013，25（5）：82-91．

［187］卢锐，魏明海，黎文靖．管理层权力、在职消费与产权效率——来自中国上市公司的证据［J］．南开管理评论，2008（5）：85-92，112．

［188］卢馨，吴婷，张小芬．管理层权力对企业投资的影响［J］．管理评论，2014，26（8）：168-180．

［189］卢馨，张乐乐，李慧敏，丁艳平．高管团队背景特征与投资效率——基于高管激励的调节效应研究［J］．审计与经济研究，2017，32（2）：66-77．

［190］鲁桐，党印．公司治理与技术创新：分行业比较［J］．经济研究，2014，49（6）：115-128．

［191］陆正飞，祝继高，樊铮．银根紧缩、信贷歧视与民营上市公司投资者利益损失［J］．金融研究，2009（8）：124-136．

［192］罗党论，刘晓龙．政治关系、进入壁垒与企业绩效——来自中国民营上市公司的经验证据［J］．管理世界，2009（5）：97-106．

［193］吕长江，张海平．股权激励计划对公司投资行为的影响［J］．管理世界，2011（11）：118-126．

［194］吕长江，赵宇恒．国有企业管理者激励效应研究——基于管理者权力的解释［J］．管理世界，2008（11）：99-109，188．

［195］吕长江，郑慧莲，严明珠，许静静．上市公司股权激励制度设计：是激励还是福利？［J］．管理世界，2009（9）：133-147，188．

［196］毛新述．高管团队及其权力分布研究：文献回顾与未来展望［J］．

财务研究，2016（2）：52 – 60.

［197］潘越，王宇光，戴亦一．税收征管、政企关系与上市公司债务融资［J］．中国工业经济，2013（8）：109 – 121.

［198］潘镇，李云牵，李健．总经理掌控力、董事长—总经理垂直对特征与创新持续性［J］．经济管理，2017，39（9）：82 – 99.

［199］瞿旭，杨丹，瞿彦卿，苏斌．创始人保护、替罪羊与连坐效应——基于会计违规背景下的高管变更研究［J］．管理世界，2012（5）：137 – 151，156.

［200］权小锋，吴世农，文芳．管理层权力、私有收益与薪酬操纵［J］．经济研究，2010，45（11）：73 – 87.

［201］权小锋，吴世农．CEO权力强度、信息披露质量与公司业绩的波动性——基于深交所上市公司的实证研究［J］．南开管理评论，2010，13（4）：142 – 153.

［202］饶品贵，姜国华．货币政策、信贷资源配置与企业业绩［J］．管理世界，2013（3）：12 – 22，47.

［203］饶品贵，姜国华．货币政策波动、银行信贷与会计稳健性［J］．金融研究，2011（3）：51 – 71.

［204］任广乾．基于偏好异质性的市场契约设计及其治理［J］．管理现代化，2016，36（5）：88 – 90.

［205］申慧慧，于鹏，吴联生．国有股权、环境不确定性与投资效率［J］．经济研究，2012，47（7）：113 – 126.

［206］盛丹，王永进．产业集聚、信贷资源配置效率与企业的融资成本——来自世界银行调查数据和中国工业企业数据的证据［J］．管理世界，2013（6）：85 – 98.

［207］石军伟，胡立君，付海艳．企业社会资本的功效结构：基于中国上市公司的实证研究［J］．中国工业经济，2007（2）：82 – 93.

［208］树友林．高管权力视角下上市公司内部控制失效问题研究［J］．中国管理信息化，2011，14（23）：17 – 19.

［209］宋德舜．国有控股、最高决策者激励与公司绩效［J］．中国工业经

济，2004（3）：91－98.

［210］唐清泉，夏芸，徐欣．我国企业高管股权激励与研发投资［J］．中国会计评论，2011，9（1）：21－41.

［211］唐雪松，周晓苏，马如静．上市公司过度投资行为及其制约机制的实证研究［J］．会计研究，2007（7）：44－52，96.

［212］汪辉．上市公司债务融资、公司治理与市场价值［J］．经济研究，2003（8）：28－35，91.

［213］汪猛，徐经长．企业避税、通货膨胀预期与经营业绩［J］．会计研究，2016（5）：40－47.

［214］王健忠．董事长—CEO 代际年龄差距对企业研发投入的影响研究［J］．金融评论，2018，10（1）：68－86，125.

［215］王克敏，刘静，李晓溪．产业政策、政府支持与公司投资效率研究［J］．管理世界，2017（3）：113－124，145，188.

［216］王茂林，何玉润，林慧婷．管理层权力、现金股利与企业投资效率［J］．南开管理评论，2014，17（2）：13－22.

［217］王清，周泽将．女性高管与 R&D 投入：中国的经验证据［J］．管理世界，2015（3）：178－179.

［218］王小鲁，樊纲，余静文．中国分省份市场指数报告（2016）［M］．北京：社会科学文献出版社，2017：214－224.

［219］王新，毛慧贞，李彦霖．经理人权力、薪酬结构与企业业绩［J］．南开管理评论，2015，18（1）：130－140.

［220］王雪莉，马琳，王艳丽．高管团队职能背景对企业绩效的影响：以中国信息技术行业上市公司为例［J］．南开管理评论，2013，16（4）：80－93.

［221］王烨，叶玲，盛明泉．管理层权力、机会主义动机与股权激励计划设计［J］．会计研究，2012（10）：35－41，95.

［222］王营，曹廷求．董事网络增进企业债务融资的作用机理研究［J］．金融研究，2014（7）：189－206.

［223］王运通，姜付秀．多个大股东能否降低公司债务融资成本［J］．世界经济，2017，40（10）：119－143.

［224］卫旭华，刘咏梅，岳柳青．高管团队权力不平等对企业创新强度的影响——有调节的中介效应［J］．南开管理评论，2015，18（3）：24－33.

［225］魏志华，王贞洁，吴育辉，李常青．金融生态环境、审计意见与债务融资成本［J］．审计研究，2012（3）：98－105.

［226］吴卫华，万迪昉，吴祖光．CEO权力、董事会治理与公司冒险倾向［J］．当代经济科学，2014，36（1）：99－107，127－128.

［227］吴延兵．中国哪种所有制类型企业最具创新性？［J］．世界经济，2012，35（6）：3－25，28－29，26－27.

［228］谢德仁，陈运森．产权性质、金融生态环境与负债的治理效应［J］．经济研究，2009，44（5）：118－129.

［229］谢佩洪，汪春霞．管理层权力、企业生命周期与投资效率——基于中国制造业上市公司的经验研究［J］．南开管理评论，2017，20（1）：57－66.

［230］辛清泉，谭伟强．市场化改革、企业业绩与国有企业经理薪酬［J］．经济研究，2009，44（11）：68－81.

［231］熊风华，彭珏．高管权力对高管薪酬的影响研究［J］．财经问题研究，2012（10）：123－128.

［232］徐良果，王勇军，汪丽．管理层权力与信息披露质量关系的实证研究［J］．西藏大学学报（社会科学版），2012，27（4）：182－189.

［233］徐倩．不确定性、股权激励与非效率投资［J］．会计研究，2014（3）：41－48.

［234］徐细雄，刘星．放权改革、薪酬管制与企业高管腐败［J］．管理世界，2013（3）：119－132.

［235］徐向艺，李鑫．自由现金流、负债融资与企业过度投资——基于中国上市公司的实证研究［J］．软科学，2008（7）：124－127，139.

［236］徐昕，沈红波．银行贷款的监督效应与盈余稳健性——来自中国上市公司的经验证据［J］．金融研究，2010（2）：102－111.

［237］徐业坤，钱先航，李维安．政治不确定性、政治关联与民营企业投资——来自市委书记更替的证据［J］．管理世界，2013（5）：116－130.

［238］薛有志，刘素．产品市场竞争、领导权结构与公司多元化战略［J］．

山西财经大学学报，2008（12）：59 – 64.

［239］杨超，贾海波，倪宣明，武康平．股权网络度分布对沪、深 A 股企业经营业绩的影响［J］．管理世界，2018，34（9）：176 – 177.

［240］杨道广，陈汉文，刘启亮．媒体压力与企业创新［J］．经济研究，2017，52（8）：125 – 139.

［241］杨德明，刘泳文．"互联网＋"为什么加出了业绩［J］．中国工业经济，2018（5）：80 – 98.

［242］杨华军，胡奕明．制度环境与自由现金流的过度投资［J］．管理世界，2007（9）：99 – 106，116，172.

［243］杨林，杨倩．高管团队结构差异性与企业并购关系实证研究［J］．科研管理，2012，33（11）：57 – 57.

［244］叶康涛，祝继高．银根紧缩与信贷资源配置［J］．管理世界，2009（1）：22 – 28，188.

［245］易靖韬，张修平，王化成．企业异质性、高管过度自信与企业创新绩效［J］．南开管理评论，2015，18（6）：101 – 112.

［246］俞鸿琳，张书宇．高管晋升激励、考核机制与国有企业研发投入［J］．经济科学，2016（5）：95 – 110.

［247］袁建国，范文林，程晨，肖华芳．CFO 兼任董事能促进公司提高投资效率吗？——来自中国上市公司的经验证据［J］．管理评论，2017，29（3）：62 – 73.

［248］袁知柱，张小曼，于雪航．产品市场竞争与会计信息可比性［J］．管理评论，2017，29（10）：234 – 247.

［249］张春龙，张国梁．高管权力、现金股利政策及其价值效应［J］．管理评论，2017，29（3）：168 – 175.

［250］张纯，吕伟．信息披露、信息中介与企业过度投资［J］．会计研究，2009（1）：60 – 65，97.

［251］张宏亮，王靖宇．公司层面的投资者保护能降低股价崩盘风险吗？［J］．会计研究，2018（10）：80 – 87.

［252］张建君，张闫龙．董事长—总经理的异质性、权力差距和融洽关系与

组织绩效——来自上市公司的证据［J］．管理世界，2016（1）：110 - 120，188.

［253］张龙，刘洪．高管团队中垂直对人口特征差异对高管离职的影响［J］．管理世界，2009（4）：108 - 118.

［254］张耀伟，陈世山，李维安．董事会非正式层级的绩效效应及其影响机制研究［J］．管理科学，2015，28（1）：1 - 17.

［255］张兆国，刘亚伟，杨清香．管理者任期、晋升激励与研发投资研究［J］．会计研究，2014（9）：81 - 88，97.

［256］赵纯祥，张敦力．市场竞争视角下的管理者权力和企业投资关系研究［J］．会计研究，2013（10）：67 - 74，97.

［257］赵青华，黄登仕．高管权力与股票期权计划实证研究［J］．重庆大学学报（社会科学版），2013，19（3）：65 - 72.

［258］赵息，张西栓．内部控制、高管权力与并购绩效——来自中国证券市场的经验证据［J］．南开管理评论，2013，16（2）：75 - 81.

［259］钟海燕，冉茂盛，文守逊．政府干预、内部人控制与公司投资［J］．管理世界，2010（7）：98 - 108.

［260］钟宇翔，吕怀立，李婉丽．管理层短视、会计稳健性与企业创新抑制［J］．南开管理评论，2017，20（6）：163 - 177.

［261］周冬华．CEO 权力、董事会稳定性与盈余管理［J］．财经理论与实践，2014，35（6）：45 - 52，58.

［262］周建，金媛媛，袁德利．董事会人力资本、CEO 权力对企业研发投入的影响研究——基于中国沪深两市高科技上市公司的经验证据［J］．科学学与科学技术管理，2013，34（3）：170 - 180.

［263］周建，张双鹏，刘常建．分离 CEO 两职合一：代理问题缓和与战略继任的开始［J］．管理科学，2015，28（3）：1 - 13.

［264］周美华，林斌，林东杰．管理层权力、内部控制与腐败治理［J］．会计研究，2016（3）：56 - 63，96.

［265］周仁俊，杨战兵，李礼．管理层激励与企业经营业绩的相关性——国有与非国有控股上市公司的比较［J］．会计研究，2010（12）：69 - 75.

［266］周中胜，徐红日，陈汉文，陈俊．内部控制质量对公司投资支出与投资机会的敏感性的影响：基于我国上市公司的实证研究［J］．管理评论，2016，28（9）：206－217．

［267］朱沆，Eric Kushins，周影辉．社会情感财富抑制了中国家族企业的创新投入吗？［J］．管理世界，2016（3）：99－114．

［268］朱焱，张孟昌．企业管理团队人力资本、研发投入与企业绩效的实证研究［J］．会计研究，2013（11）：45－52，96．

［269］祝继高，韩非池，陆正飞．产业政策、银行关联与企业债务融资——基于A股上市公司的实证研究［J］．金融研究，2015（3）：176－191．